雷军：一生做好一件事

黄鸿涯◎编著

中华工商联合出版社

图书在版编目(CIP)数据

雷军：一生做好一件事/黄鸿涯编著. -- 北京：中华工商联合出版社，2021.9
ISBN 978-7-5158-3109-1

Ⅰ.①雷… Ⅱ.①黄… Ⅲ.①雷军–生平事迹 ②移动通信–电子工业–工业企业管理–经验–中国 Ⅳ.①K825.38 ②F426.63

中国版本图书馆CIP数据核字(2021)第185527号

雷军：一生做好一件事

作　　者：	黄鸿涯
出 品 人：	李　梁
责任编辑：	胡小英
装帧设计：	华业文创
责任审读：	郭敬梅
责任印制：	迈致红
出版发行：	中华工商联合出版社有限责任公司
印　　刷：	北京毅峰迅捷印刷有限公司
版　　次：	2021年10月第1版
印　　次：	2025年9月第9次印刷
开　　本：	710mm×1020mm　1/16
字　　数：	180千字
印　　张：	14
书　　号：	ISBN 978－7－5158－3109－1
定　　价：	48.00元

服务热线：010－58301130－0（前台）
销售热线：010－58302977（网店部）
　　　　　010－58302166（门店部）
　　　　　010－58302837（馆配部、新媒体部）
　　　　　010－58302813（团购部）
地址邮编：北京市西城区西环广场A座
　　　　　19－20层，100044
http://www.chgslcbs.cn
投稿热线：010－58302907（总编室）
投稿邮箱：1621239583@qq.com

工商联版图书
版权所有　侵权必究

凡本社图书出现印装质量问题，请与印务部联系。
联系电话：010－58302915

前　言

在北京保福寺桥银谷大厦，十几个人凑在一起喝着一锅小米粥，一家叫小米科技的公司就这样悄然开张了，小米公司的创始人雷军就此踏上了他的创业之路。这已经是2010年的事情了，如今的小米俨然已经"长大成人"。2021年6月，小米手机单月出货量正式登顶世界第一的宝座。当月月销量超越两大全球手机霸主三星、苹果。这是此前中国手机品牌不曾有过的业绩。

回过头来看小米创办那年，一切似乎有了线索。那时候，雷军早已经过了不惑之年，41岁的年纪其实已经非常成功了。在2000年底，一毕业就入职金山的雷军在工作8年后开始出任北京闻名遐迩的金山软件股份有限公司总裁，任期达7年之久。

很多人都不理解，人到中年还折腾什么呢？但是雷军自己心里清楚：为了对得起自己对创业的敬畏之心。创业是雷军的梦想，这个梦想源于他还在武汉大学读书时看过的一本书——《硅谷之火》。他被书中的创业故事所激励。雷军在金山的成就虽然十分瞩目，但那毕竟不是雷军自己创办的公司。

雷军在大四那年和自己的两个伙伴开启了人生中的第一次创业，他们给公司起名为三色公司，不过半年后公司以破产告终，清理公司资产时雷军只得到了一台286电脑。这一次的失败经历对雷军的打击很大，所以在他的内心深处，始终对创业抱有无穷的希冀。

成为金山CEO的那一年是2000年，雷军刚30出头，人们对他的评价最多的就是年轻有为。但是雷军却怎么也高兴不起来，他不希望被这样的声音"捧杀"，他一直渴望看清自己的内心。庆幸的是，他最后终于找到了自己。于是，做了一件令无数人大跌眼镜的事：2007年底，他辞去了无数人艳羡的金山总裁的职位。

雷军放弃了稳定的工作，开始了他人生的第二次创业。一个他不熟悉的领域，在外界各种质疑的声音中小米成立了。此后，无数的口水和鲜花扑向这个中年男人。雷军的一句"站在台风口，猪都能飞上天"让他一炮走红，也让他惹了一身骚。他的互联网思维方法论是无数创业者的箴言，也使得很多人因盲目跟随而翻跟头。

可贵的是，雷军给人的印象一直十分谦逊稳健。41岁那年，他怀着"小米加步枪"的创业精神，聚集了一支"大神"级别的团队。如今，一切似乎依旧。只不过雷军现在已经手握1000亿现金，拉起了一支"复仇者联盟"的精悍队伍。

事实证明，小米成就了更好的雷军，雷军也使得小米这个名字变得熠熠生辉。当然，雷军还有梦想，他还想把小米品牌的旗帜插到新能源汽车、自动机器人等更多中国品牌此前还未占领的领域。

勇气的力量很大很恐怖，它能把一个人的潜力发挥到极致。雷军抱着人生最后一次创业的心态创办了小米，成就了世界第一。他追求极致、用最好的团队、生产厚道产品的创业理念，已经得到了实践的光荣检阅。在成就了一个伟大梦想的同时，未来也必将成就越来越多的梦想。

本书将带领读者走近雷军，走近小米，还原小米的商业模式、营销方式和发展经历，揭开雷军的管理模式和励志故事，带给读者更多智慧的启发。

目　录

第一章　成功不会一蹴而就，没有人能随随便便成功

只要坚持梦想，终将与众不同　　　　　　　　002
"站在台风口，猪都能飞上天"　　　　　　　　004
成功仅仅靠勤奋是不够的　　　　　　　　　　008
找到最肥的市场，顺势而为　　　　　　　　　012
创业投资重在找人识人　　　　　　　　　　　016
要有一个巨大的市场　　　　　　　　　　　　021
"小米加步枪"，放手一搏　　　　　　　　　　024
雷军拥有创业老板的特质——勤奋　　　　　　027

第二章　得粉丝者，得天下

小米"为发烧而生"　　　　　　　　　　　　　034
小米要成为中国国民品牌　　　　　　　　　　037
天下武功，唯快不破　　　　　　　　　　　　040
为消费者打造超高性价比　　　　　　　　　　044
品牌建设的本质是用户思维　　　　　　　　　047

把用户当兄弟 051
重视用户的参与感 054

第三章 一切唯"人"造，万事由人谋

提供可选择性报酬吸引人才 060
花费一半以上的时间来招募人才 062
一个靠谱的工程师顶100人 065
团队第一，产品第二 067
将员工变成合伙人 070
人人都是产品经理 074

第四章 设定管理的方式，是不信任的方式

只要不让公司翻船，你就能去做 078
除了创始人，其他人都没职位 080
强调责任感，不设KPI 082
和员工一起创业，一起分享利益 085
合伙人可以独当一面 087
速度是最好的管理 089
与时俱进、随势而变才是管理的精髓 091

第五章 在不赚钱的模式上发展手机品牌

硬件也能建平台 096
无社交不电商 099

网络空间思维，而不是互联网思维　　　　　　　　102
让"小米"成为一种生活方式　　　　　　　　　　104
小米模式是互联网思维的胜利　　　　　　　　　　107
小米模式能复制，但大生态难复制　　　　　　　　110
将凡客模式复制到手机行业　　　　　　　　　　　112

第六章　创新风险高，但不创新就会死

不在乎销量，靠创新来成功　　　　　　　　　　　118
用互联网思维打造手机　　　　　　　　　　　　　120
跟用户一起做手机　　　　　　　　　　　　　　　123
做别人没做过的事情　　　　　　　　　　　　　　126
小米降价是因为技术创新　　　　　　　　　　　　128
创新是制胜的法宝　　　　　　　　　　　　　　　130
创新融合成长：5G和物联网　　　　　　　　　　　133
力推小米5G手机，紧跟时代潮流　　　　　　　　　136

第七章　因为"米粉"，所以小米

2999还是3000？他想了一个小时　　　　　　　　140
最好的产品就是最好的营销　　　　　　　　　　　142
"饥饿营销"是个伪命题　　　　　　　　　　　　144
参与感是新营销的灵魂　　　　　　　　　　　　　146
口碑源于超预期　　　　　　　　　　　　　　　　148
低毛利、高效率是王道　　　　　　　　　　　　　151
从群众中来，到群众中去　　　　　　　　　　　　154

第八章 没有核心技术，飞起来的猪如何安全着陆？

做产品要真材实料，还要有信仰 158
赢在细节和用户体验 160
少做一点事情，把事情做到极致 162
秒杀对手，让用户尖叫 165
让手机电脑化 168
小米上市的启示 170
创新与质量并举 173
小米电视销量第一 175

第九章 把敌人搞得少少的，把朋友搞得多多的

小米从不打"价格战" 180
无差异不成活 182
什么都做的时候就容易崩溃 185
以手机为中心，连接所有智能设备 188
小米绝不仅仅只是手机 189
精心构建小米生态链 191
只有做到极致，才有机会成为世界第一 194
千万不能偏离战略轨道 196
增加线下门店，雷军布局新零售 198
子企业紫米，小米充电宝辉煌的背后功臣 200

第十章 一步不能慢的小米，一直奔跑在路上

做好至少要死一回的准备 204

忧患意识激发能量	205
最困难的时候，也就是蜕变的时候	206
不跟随消费者的需求改变就会走向衰落	208
忘掉成败，坚持创业心态	212

第一章

成功不会一蹴而就,没有人能随随便便成功

　　大众创业成为时代的主流,人人都想创业,人人都想成功,他们努力向成功人士学习,但是人们往往只看到了成功人士光鲜亮丽的外表,却忽视了他们挥洒汗水时不为人知的一面。眼睛所看到的并不一定是全部,没有人的成功是随随便便得来的,既然想要成功,就要付出他人无法想象的努力,有时候不是机会不来敲门,而是我们没有努力去抓住机会,没有人的成功是一蹴而就的。

只要坚持梦想，终将与众不同

创业就是一个实现梦想的过程。创业成功的人一定是在追求梦想的道路上，坚持不懈地走了下去。雷军创业的动力就是源于自己的梦想。

创办小米对雷军来说是一个很难很难的事情，为什么呢？因为在创办小米之前，雷军已经成为金山软件的董事长和大股东，而且他还办过卓越网，也一直在做天使投资，这样的成绩对他的人生来说应该是足够了。然而，他最终还是选择从零开始，再一次去创业，到底是什么动力让他下定决心，去做这么累人的事情呢？

从金山退休后，也就是在做天使投资的那个阶段，雷军有天晚上从梦中醒来，问了自己一个问题：我40岁了，在别人眼里已经功成名就，还干着人人都很羡慕的投资，我还有没有勇气去追求年轻时候的梦想？

一个人的年纪越大，就越难去谈梦想，人到了40岁时，面对残酷的现实，别说去实现梦想，就是有梦想也是件稀罕事。试问，这世界上，有几个人能不忘初心，持续以热情、微笑去追寻未来呢？

40岁时，雷军问自己，还有没有勇气试一把？这种尝试对已经功成名就的他来说是一次很大的冒险，他很有可能因此而倾家荡产。与此同时，他还要受到周围人质疑的目光。在所有人眼里，雷军是一位成功人士，他冒这么大的风险从头再来，值得吗？为了这个问题，雷军犹豫了足足半年的时间，最后让他狠下心来不顾一切豁出去的，则是年轻时未完成的梦想。

在雷军18岁那年，正是大一的第一个学期，他在武汉大学图书馆无意间看到了一本书，这本书叫《硅谷之火》，里面讲的是美国七八十年代时硅谷那些天才创业的故事，其中最主要的就是乔布斯的故事。看了这

第一章
成功不会一蹴而就，没有人能随随便便成功

本书后，雷军激动不已，内心久久难以平静，他在学校操场上沿着400米的跑道走了一圈又一圈，走了好几个晚上，他在思考如何去塑造与众不同的人生，他在想自己能不能像乔布斯那样，创办一家世界一流的公司，因为这样才能无愧于自己的人生，才能让自己的生活变得更有意义，更有价值。但是，那个时候，中国的经济条件比现在要差很多，要做点事情非常不容易。不过，当有了这样的梦想之后，他开始琢磨着如何能将它付诸实践。于是，他制定了一个计划：用两年去修完大学所有的课程，后来，他不仅完成了这个目标，而且几乎所有的专业成绩都排名年级第一。

其实，拥有梦想是极其简单的事，关键是有了梦想之后，人们能不能将它付诸实践，并且坚持不懈地去完成。创业的人首先就应该有个可行的目标。当然，有了这样的目标还是不够，因为成功并不是一蹴而就的，它需要人们不断的坚持和努力。正是心中埋着这样一份坚持，雷军最终说服了自己，在不惑之年鼓励自己不顾一切地再去拼一次。在他看来，只有这样，人生才算是达到圆满，即使失败了，在老了的时候，自己也可以自豪地说：我曾经有过梦想，而且我尝试过了。正是在这样的认识下，雷军下定决心要创办小米。

当时，手机行业竞争异常激烈，前面有苹果、三星，后面有华为、联想等手机品牌，诺基亚已经被淘汰，黑莓和HTC在中国市场的销量一直不景气。在这样严峻的形势下，谁能想到雷军会赢呢？小米成立之初，雷军也认为自己肯定会输，并想到了自己可能会怎么"死"。但事实却是：雷军带领团队仅仅用了三年的时间就取得了全国销量第一的好成绩。

一名出色的企业家需要具有责任感、创新精神等等，这些归到一个点上就是要有"梦"。相信，人人都有过梦想，有人可能为了梦想也付出了行动。但是，在确立了梦想之后的五年十年后，很少有人还有坚持梦想的勇气与决心，并且相信坚持梦想的力量。成功需要一种笨笨的坚持，创业

者想要实现自己的"梦",需要在一个艰苦的环境中去逐渐实现这个梦想,这就是成功的精神,百折不挠,失败了还可以重新再来。

作为一名创业者,首先必须要有梦,其次就是要有坚持梦想的勇气。你想办家出色的企业?还想打造国际一流的企业?那就放手去干吧,只有行走在路上才有可能看到你所期望的结果。

"人因梦想而伟大"是雷军特别喜欢的一句话。有了梦想,人就会不顾一切,勇敢出发,并因此而变得与众不同。正是因为对梦想的坚持,雷军创办了小米公司,并带着它走在了中国市场的前列。在竞争异常激烈的市场中,这算得上是商业中的奇迹,如果雷军没有对梦想的坚持,如果没有坚韧的毅力,根本就不会有今天的小米。所以,一个人真的想要创业就要做好准备,找到梦想,坚持下去!

周星驰有一句话很出名的话:人没有梦想,和咸鱼有什么区别。创业若有了梦想,就朝着成功迈开了第一步。有了这一步后,人们就可以坚定地朝着目标走下去了。这样,终有一天,你会像雷军那样,创造出属于自己的那一片天空。

"站在台风口,猪都能飞上天"

雷军离开金山后,曾经消极了一段时间,他对自己的未来很迷茫。这段时间被他归类为不愿意回忆起的时光,他感觉很落寞,而且迷失了自我,每天起床都不知道自己该干什么?

也许是多少年来养成了忙碌的习惯,忙的时候,总盼望着能有点空闲让自己休息一下,可一旦真的闲了下来,反而会变得无所适从。

这段时间里,他跟别人调侃自己变成退休老干部了,但他心里清楚这不是他想要的生活,他不喜欢这样的生活状态。跟雷军共事了将近七年的黎万强曾经透露,这段时间是雷军的调整期,雷军还刻意交代不要司机跟着他，每天背着背包徒步走，和雷军认识这么久，黎万强从没见过他这样的状态。

其实可以理解，像雷军这样的人，闲下来比忙起来更难做到。雷军在大学期间就开始和同学一起创业，22岁进入金山工作，几年后成为公司的总经理，31岁正式成为金山的总裁，他在金山待了16年，期间还完成了公司IPO（首次公开募股）的上市工作。这一路走来的磕绊和心血自然不用说，少年成才的雷军，十几年的时间里都是忙碌的状态，他早已习惯了这样的生活，突然让他什么事情也不做，确实是一件难事。

三十几岁，对一个男人来说是黄金年龄，这时事业有成，生活不愁，何况雷军还是其中的佼佼者。在别人看来，这样的雷军，这样的经历和成就已经足以让人仰视了，功成身退也挺好的，至少可以享受享受生活，反正他最不缺的就是钱，完全可以自由生活，去过很多人梦寐以求的生活。

可是他本人并不这么想，他有着一种别人无法理解的深深挫败感。别人眼中的完美生活并不是他想要的。他是个志存高远的人，所以在这段调整期，他一直在反思自己，终于他总结出了五大反思：人欲即天理、顺势而为、广结善缘、少即是多和颠覆创新。他一直拿这五点反思来告诫自己。

反思让他开始清楚地意识到，金山是一家改良型公司，在一家以改良为导向的公司里，他永远也做不了一个革命者。

他说："金山就像是在盐碱地里种草，为什么不在台风口放风筝呢？站在台风口，猪都能飞上天！"是的，他什么都不缺，有资本、有金钱、有地位，雷军缺的就是再给他一次成功的机会。

雷军逐渐从迷失中走出来，调整了自己的状态，他找回了真正的自己。接下来的时间里，雷军凭借天使投资人的身份，使他在业界的影响力和地位保持如旧，投资的项目包括卓越网、乐讯社区、UCweb、乐淘、凡客诚品等二十多家企业，还成立了天使投资的顺为基金。

"站在台风口，猪都能飞上天。"这句话的意思不是说站在机会的面前，再笨的人也能成功的意思。雷军的本意是抓住机会，顺势而为。

很显然，这段时间的反思，让他完成了一次脱胎换骨的蜕变。他终于看清楚了自己内心的真实想法，他不是不满足，说实话走到现在这个地位他已经算是个成功者了，但他想要的是一份真正属于自己的事业。在金山，他虽然做到了CEO的位置，拥有绝对的发言权，但他对于金山来说并不能算作是真正意义上的创始人。现在做投资，给他带来了巨大的收益，但这些投资的公司也不能算作是属于他的事业。

他渴望拥有一个真正属于自己的公司、自己的事业，这个公司一定要足够强大，倾注自己一辈子的心血，凭着这个真正属于自己的事业，来巩固和保持他的地位以及影响力。这些才是他现在想要做的。

这样的想法是好的，但说起来容易做起来难。雷军不仅敢想也敢做，事实上，在他确定了自己的想法后，就开始着手做准备了。这样的想法很伟大，确实是一般人想都不敢想的事情，雷军也算得上是个野心家了。凡客诚品CEO陈年说过："雷军向上的力量或者说欲望，是不成预估的。"

雷军自己也说过，他想要一家百亿美元级别的公司，几百亿，还是美元？谈何容易。这么大的馅饼，也只有雷军敢想了，他相信自己有这样的能力，现在他缺的就是一个机会，也就是他说的五点反思中"顺势而为"的"势"。

机会是留给有准备的人的，这句话说得一点都没错，雷军不是一时冲动，他是真的下定决心要成就一番事业，很快，雷军就找到了自己的机会。

这个时期，移动互联网成为流行趋势，世界开始进入新的时代。互联网和智能手机带来的大爆炸,让雷军眼前一亮,世界的流行趋势变化莫测,当下的市场发展趋势对雷军来说是个冲击,特别是 iPhone 手机的出现,更是激发了雷军的热情。他兴致勃勃地买了好多手机,他很崇拜乔布斯,但同时也从 iPhone 手机上看到了一些缺点,他开始研究手机,对智能手机产生了浓厚的兴趣。让他想不明白的就是,这么一个小小的手机怎么能卖得这么贵,本来以为电脑行业的利润已经够高了,没想到手机也这么高。

在网络大爆炸的时代,雷军觉得这就是他人生中的"台风口",他应该抓住这个机遇。平时他就喜欢手机,身边的朋友都知道,在金山工作的十几年间,他用了五十多部手机。从什么时候开始他萌生了做手机这个念头的,他自己也不知道。但是对于他这个门外汉来说,智能手机是一个完全陌生的行业。真正出现转机是 2008 年,雷军出任 UCweb 的董事长,这段经历让他对移动终端有了一定的了解。

有了这样的经历,他再也不是外行了,他离自己的梦想更近一步了,这么好的机会摆在眼前,雷军绝对不会放手了。他决定放手一搏,怀着对创业的敬畏之心,他开始了自己的创业之路。

功夫不负有心人,更何况还是雷军这么有能力的有心人。他深谙功夫深铁杵磨成针的道理,再加上他前期积攒下来的成就和地位,注定让他比一般人的起跑线都要靠前,强大的学习能力加上多年来积攒下来的人脉资源,让雷军的成功看起来很容易,但背后的心酸大概也只有雷军自己清楚吧。

2010 年 4 月,小米公司正式成立,当年八月份,它的第一个产品成功上线。第二年,小米 1 正式发布,它采用线上销售的模式,在手机市场上引爆了一颗响雷。

小米的突然崛起,有赞许也有质疑,但是无论外界怎么看,小米的销量都以惊人的速度在增长,仅在 2012 年就卖出去七百多万部手机,到了

2013年，销量更是翻了一番还多，共卖出一千八百多万部。

雷军实在没有想到幸福竟来得如此突然，随后小米迅速完成了融资，市值突破一百亿。雷军果然做到了，他说自己要做一家百亿级别的公司，小米不正是这家百亿级别的公司吗？

再重复一遍雷军的经典语录："站在台风口，猪都能飞上天！"这句话的确值得人们深思，机遇很难得，一旦抓住，千万别放手，把握机会大干一场，才有可能实现梦想。

成功仅仅靠勤奋是不够的

雷军的成功不是偶然，是蓄势良久的厚积薄发，是多种因素碰撞的结果。如果有人告诉你，只要勤奋努力就能取得成功，那么这个人一定是忽悠你的。成功的因素有很多，绝不仅仅是勤奋就够了。

且成功的条件并不是只有一个，甚至是复杂多样的。

雷军创立小米并不是他的第一次创业，早在他上大学的时候就曾经和同学一起创过业，但对于他来说，大学时期的创业是他惨痛的经历。

1987年，雷军考上了武汉大学计算机系，武汉大学当时实行的是学分制，按照规定，在校学生只要修满相应的学分就可以毕业。雷军从小就聪明，又爱钻研，这些学分对他来说毫无难度，他刚入学就选修了很多高年级才学的课程，只用了两年的时间就修满了学分。

搞定了学校的课程，雷军就有更多的时间研究自己喜欢的事情了。1989年底，计算机病毒开始在中国互联网中蔓延开来，这个"新型事物"很快就引起了雷军的注意，他开始想要尝试着解决病毒。同样萌生这个想法的还有雷军的同学冯志宏，两个人一拍即合，当即决定合作解决学校机房染上病毒的问题，一起做一个杀毒软件。

要解决病毒问题可不是那么简单的事，当时两人的经济都很拮据，所以他们想了一个办法，就是在校外的一家公司找了一台电脑操作，做杀毒软件。他们最需要的就是时间，在学校腾不出太多的时间，于是两人就把时间定在了寒假，这样可以保证充裕自由的研究时间。

武汉的冬天冷得刺骨，但是为了做软件，两个人每天骑自行车从学校去那个公司，凭借着浓厚的兴趣和坚强的毅力，即使遇上刮风下雪，他们两个也没有休息过。

为了杀毒软件，雷军和冯志宏真的受了不少苦。因为是放假期间，学校食堂不开放，两个大男生只好天天煮面充饥，这段经历让雷军印象深刻，总是盛赞冯志宏煮的波纹面真的好吃。

最后他们的努力终于收到了回报，一款叫作"免疫90"的杀毒软件出世了，对于这款软件，雷军是这样介绍的："免疫90是用PASCAL写的，最终的版本可以查解当时发现的所有病毒。我现在还对这个程序记忆犹新，这个杀毒软件具备病毒免疫功能，如果染上病毒，该程序可以像抖落身上灰尘一样把病毒清除，还做到了样本库升级和在英文环境下英文显示，在中文环境下中文显示。用户甚至可以用文本方式手工增加病毒库。这些功能今天看来没有什么，但大家想想这是1989年底我们的作品。"

"免疫90"在武汉上市后卖得还挺好，每人赚了几千块钱，老师对他们开发的软件也大加赞赏，通过老师推荐，他们获得了湖北省大学生科技成果一等奖。

这次的努力让雷军深入了解了病毒的知识，他利用自己的理解在计算机类的书刊上发表了很多关于病毒的文章，他成了一个小有名气的"反病毒专家"，他的名气还传到了湖北省公安厅，雷军本人也被请去做"反病毒技术"的演讲。

对计算机产生浓厚兴趣的雷军，开始闯荡计算机市场，他对这个行业充满了热情。雷军大学时的课余时间几乎都混迹在武汉的电子街上，由于他有着超强的学习能力和过硬的电脑技术，很快赢得了电子街上很多老板的信任，每当他们遇到难以解决的问题时，就会想到雷军，第一时间就找来雷军帮忙。

不管是什么问题，雷军总是能很耐心地帮他们解决，两年下来，他已经跟武汉电子一条街电脑公司的老板打成了一片，雷军成了这条街上小有名气的人物。这段时间的经历给了雷军历练的机会，也让他对未来更加充满热情和希冀。

受到《硅谷之火》这本书的影响，雷军第一次有了想要创业的念头。给雷军创业的念头加固的人是王全国，一个编程高手。雷军和王全国是在电子一条街上认识的，那个时候条件没有现在这样便利，交流的渠道很少，很多计算机爱好者就聚在一起交换软件，王全国当时手里有很多软件，在电子一条街上，他早就听说过雷军的大名。一次雷军找他交换软件，两人相谈甚欢，一来二去就成了朋友。

正所谓"志同道合，便能引其类"说的就是这个道理。有相同的爱好，又有相同的话题，这两个人越混越熟。当时的王全国是一个公司的程序员，正在为公司开发一款加密软件的程序，当他得知雷军之前曾自己写过加密软件的程序时，当即就决定和雷军一起合作。

他们两个人的做事方法很不一样，王全国擅长的是从外部着手，慢慢琢磨窍门，而雷军则喜欢雷厉风行式地直入主题。他们的方法各有各的优缺：雷军的做法效率高，讲求速战速决，但是一旦方向搞错了便会适得其反；而王全国的做法虽然比较保险不容易出错，但未免效率太低。

两人在合作中逐渐达成共识：各自的编程方法应该结合起来，取长补短，一定有很好的效果。结果他们真的做到了，编程顺利完成后，王全国得到了公司奖给他的50元加班费，他一分没留，悉数给了雷军。

有了这次合作经历，两个人的关系更近一步，成了无话不谈的朋友。

在雷军大四的时候，他和王全国、李儒雄等人达成共识，创立了三色公司，这是雷军的第一次创业，他的心里满怀着希望，想象着公司的规模能越来越大，最后办成一个世界级的大公司。

但现实很残酷，短短半年后，雷军的梦想就破灭了，三色公司无以为继，他们最终决定解散公司，清点公司资产时，雷军和王全国仅仅得到了一台286电脑和打印机，创业以失败告终。

三色公司解散后，雷军反而感到了一阵轻松，他开始反思公司在这半年来的运作。他觉得这次失败不是偶然事件，甚至是必然会发生的，经营理念不对、运营模式不对，他们在开公司之前甚至都没有好好地坐在一起讨论过公司的发展方向和模式问题，靠的完全是年轻气壮的一腔热血。

三色公司并没有具体的项目，为了盈利，他们就做一种类似于金山汉卡的产品，是仿制别人的产品做的，用现在的话来讲就是"山寨货"，事实证明，没有自己的创意是不行的，你仿制别人的产品，难免会有别人来仿制你的产品。不久，就有一家更大的公司盗版了他们的产品，价格更低廉，营销手段更多，很快就抢占了先机，三色公司没有了市场优势，自然是江河日下，难以维持。

三色公司的失败经历给了雷军很大的打击，也让他思考了很多，失败使他成长。他觉得大学里培养的学生虽然理论基础扎实，但实践能力方面较弱，所以大学生创业的成功率很低，这大概也就是后来的雷军不支持大学生创业的原因吧。雷军后来明白，勤奋努力绝不是通往成功的康庄大道，虽然勤奋是成功的必要条件，但绝不是唯一条件，人并不是只要努力就能走向成功的。

小米的成功是多种因素积累的结果，雷军毕其功于一役，把积攒了20年的商业经验和各种资源投入到最后一战，雷军说，小米是他最后一次创业了。

大学的那次创业太过匆忙，没有经验，没有人脉，也没有资源，全凭一腔热血，失败是在所难免的。但小米的成功就不是偶然了，这个时候的雷军各方面都已经成熟，他总结自己这二十年来的作为时说："前面16年在金山练基本功，后面几年练了一些无形的东西，直到感觉自己准备好了，出来做小米。"在金山的积累尤为重要，在那里他获得的经验是非常宝贵的，身为金山的高层，资源人脉都有了一定的积累，而那些"无形的东西"指的就是"顺势而为"。

一步一步的积累，一点一点地沉淀，成就了今天的雷军。

找到最肥的市场，顺势而为

雷军最常说的一个词就是"顺势而为"，这个词的出名程度简直可以和"站在台风口，猪都能飞上天"的经典语录相媲美。

2000年，雷军出任金山公司CEO，事业蒸蒸日上。2007年，他在众人不解的目光中辞去金山CEO的职务。2011年，再次回归，成为金山董事长。雷军在事业上的成就已经达到了大多数人无法企及的高度，但是雷军地位的奠定是因为小米，鲜少有人知道他在金山的成就。

没有掌声，他会自己给自己鼓掌，雷军心里很清楚，在金山的这段经历是他成功的垫脚石，绝对不是可有可无的存在。时代在变化，网络的时局更是一天一个样，就像风雨那样变化不定，难以预料。多年之后，雷军回忆起这些年间的经历，不禁感慨万分："金山在20世纪90年代还很火，1999年互联网大潮起来的时候，我们却忙着做WPS，忙着对抗微软，无暇顾及。到2003年时，我们再环顾四周，发现我们远远落后了。那一瞬间，我压力非常大，作为CEO，我后面两三年每天都在想，什么地方出问题，是团队不够好，还是技术不行，还是自己不够努力？"

不是不够努力，也不是团队不够好，而是被时代甩在了后面，说到底还是没有市场前瞻性惹的祸，没有迎合那个"势"。

金山在自己发展势头很好的时候，没有及时意识到市场的改变，还在忙着做旧产品，对着现有的资源埋头苦干，终于想起来环顾四周时才发现已经被落下了，金山没有跟上时代潮流，最后错过了第一次的互联网大潮。

"势"在字典中的解释有势头、趋势、时机的意思，雷军认为大成和大势息息相关。他爱好滑雪和围棋，这两者讲求的也是"势"。那么这个势真的这么重要？也许是的。被封为"香港股神"的曹仁超先生也说过"有智慧不如趁势"的话，对于一个投资者、一个商人、一个企业家来说，"势"真的很重要。

金山虽然错过了第一波浪潮，但是雷军却做了一个反转他人生的重要决定——创办卓越网，若干年后，雷军把卓越网以7500万美金卖给了亚马逊，把自己亲手养大的孩子送出去着实不容易，但是这次出售让雷军有了一大笔资金。

在这之后，雷军很快就遇到了他人生的"势"，智能手机和移动互联网的发展趋势正旺。这一次，雷军没有再错过，抓住这个势头，小米公司正式成立。小米做成功之后，一位业内人士评价雷军说："他虽然错过了上一波互联网浪潮，却抓住了移动互联网。"

关于"顺势而为"的重要性，雷军自己心里最清楚，当有人说他是"IT界的劳模"时，他还挺介意的，换作别人估计要感谢别人夸奖呢！但雷军的想法就不一样，他觉得被人这样叫就无异于在说他无能，有本事的话谁会去做劳模呢？他说："我考虑了两三年的时间，在2006年，我想明白了很重要的两点。其中一点就是，成功靠勤奋是远远不够的，最最重要的是找到一个大的市场，顺势而为。换句比较通俗的语言来表达，就是找一个最肥的市场，然后等待台风，就是我们讲的'台风口'。"

也许就像他说的，成功与"势"是息息相关的，成功是需要等到你人生的那个"台风口"的。不要盲目地去羡慕成功者，他们只不过是一群运气很好的人，他们恰好碰到了一次有利于他们行动的"台风口"而已。

不过话虽这么说，"台风口"是靠运气得来的，碰到"台风口"之后的事情就跟运气没有丝毫关系了，你有本事能在"台风口"飞起来的时候不跌下来，才算是真本事。不过没有遇到"台风口"的时候也不必灰心，试着飞一飞，没准就成功了呢！

在爱情中，我们渴望在对的时间里遇见对的人，对于企业家来说，他们希望的是在对的时间里做对的事情。做一件对的事情不难判断，有经验的话就很容易，但是如果在这个对的事情前面加上一个大前提——在对的时间里，情况就变得复杂和困难多了。

道理谁都懂，但真正能想明白这些道理的人却是在少数，雷军思考了将近三年才想明白，"台风口"是一个起决定性作用的因素，然后顺势而为也是个必要条件。

雷军能找到这个"台风口"其实是一件挺不容易的事，在当时互联网泛滥的时代里，最不可缺少的就是互联网巨头，这些林立在互联网界的巨头早已打开市场，赢得人心，这个时候再想有人出头真的很困难，虽然也有成功杀出的企业，但是背后不知道付出多少努力才能走到这一步。如果没有成功，那么所有的努力就会付诸东流。

雷军就在想：互联网的热度他没跟上，那么是不是可以考虑下一个热点呢？看来雷军思考问题的眼光很长远，很少有人能像他这样高瞻远瞩。或许是因为我们受到的教育局限，从小受到的教育就是：抓住眼前的机会，活在当下。雷军就能突破这种教育局限，从而想到在下一波浪潮中找到自己立足的空间。

很快，他就等到了这个"势"——移动互联网。雷军自己就是一个手机爱好者，经常买来各种各样的手机来用，虽然他不是做手机研究的，但

第一章
成功不会一蹴而就，没有人能随随便便成功

是对手机已经非常了解了，他清楚了解使用移动互联网的主要人群是学生、工人、农民工等等，这些人群的范围很广，属于草根平民阶层。

雷军想明白人们的期许之后，就开始做一些投资，起初并没有什么大的起色，直到2007年，雷军投资了UCWeb这家对他来说很重要的移动互联网公司，因此成了当时为数不多的活跃的移动互联网投资者，这个契机让雷军彻底接触到移动互联网，并成功打进移动互联网的内部，进军此行业。

通过这一系列的事情，雷军找到了一个经验：当你看到一个大趋势时，一定要立刻去做，这就是趁势而为。第一波互联网大潮来袭时，雷军不是没有察觉，当时的雷军在金山是一个工程师，几乎每天都会上网，而那时的金山已经是最大的BBS网站了，这个大趋势到来的时候，他们却没有抓住机会，没有及时去做，等到反应过来的时候已经晚了。

有了第一次错失的教训，当移动互联网的大潮到来时，雷军做的第一件事情就是立刻着手去做。万事开头难，一旦开了头，一切困难都可以慢慢来解决，实在不行可以跟着别人学，你不行，不代表其他人也不行，这个世界从来不缺能人异士。

通过UCWeb进入移动互联网行业后，雷军开始密切关注行业动态，就在同一年，发生了一件大事，iPhone上市了，iPhone手机的上市，彻底颠覆了人们对智能手机的概念，其实早在iPhone发布之前，就已经有智能手机的存在了，但是iPhone就是有这个本事改变了人们对智能手机的定义，人们认为真正的智能手机就应该是像iPhone这样的。

雷军自己本身就是一个手机控，iPhone上市后，他更是去买了几十部，不仅自己用，还送给朋友们用。iPhone对于雷军来说是一个惊喜，他一面觉得iPhone对他造成了很大的冲击，一面又找出iPhone手机的诸多缺点，他自己现在开始做移动互联网了，所以不可避免地对这类企业关注

的多一些。

iPhone 带给雷军的震惊还没消散，另一件更加冲击他的事情发生了。2008 年 9 月，Android 系统发布，紧接着第一部 Android 系统的手机 HTC-G1 发布了，手机控雷军坐不住了，他在第一时间花高价在香港入手了一部。

用了这部 Android 手机后，雷军的第一反应就是惊喜，他觉得一个新的时代将要到来了，他知道，这是一次不可错过的机会。从开始有做 Android 手机的想法到 2011 年第一部小米手机的诞生，雷军仅仅花费了三年的时间。

他看到这个具有潜力的市场，没有一丝耽搁，顺势而为，很快就取得了成功。每一份成功都不是随便得来的，雷军的事迹告诉人们，成功不仅仅需要汗水的浇灌，更需要一个洞察时势的眼光，和立刻去做的勇气和魄力。

创业投资重在找人识人

除了趁势而为，雷军认为，找人识人也是一件非常重要的事情，它不仅在创业过程是相当重要的环节，而且还是很有难度的一环。

雷军曾经想，一个能把当下很牛的微软、谷歌和摩托罗拉合并，那应该是一个更牛的公司，但是这点很难做到，几乎是不可能的事，但是能做到的是把这三家公司里的顶级人才找过来，成立一家新的公司。

这不是一件简单的事，想要别人放下手中已得的大馅饼，跟着你从头再来，没有一个让人信服的理由是根本不行的。雷军心里很清楚这一点，但是他更清楚自己当下最需要人，什么困难也难不倒他。

雷军曾在接受采访时说过，在进行一个项目时，他最重视的是人才；做投资时，遵循一个原则——不熟不投。这个原则的本意即不是熟悉的人不投，不是自己熟悉的领域也不投。

兵家有云："知己知彼，百战不殆！"此话适用于雷军的投资原则，有了了解的基础，才会有信任的存在，有了信任，才能把事情做好。

现下有一个问题就是，雷军现在缺人，更缺熟悉的人。在创办小米之前，他花费了很大的精力去找人，他想找最厉害的人，觉得只有这样事情才能有更大概率成功。

Google 中国工程研究院的副院长林斌就是雷军要找的最厉害的人之一，林斌和雷军的相识，还是通过林斌的上司、Google 中国总裁李开复介绍的。那时候的雷军刚刚接任 UCWeb 董事长一职，UCWeb 和 Google 正在谈合作，两个人接触多了发现彼此有着共同的兴趣爱好，所以经常见面。最初见面还只是局限于聊合作，但两个人越聊越投机。渐渐地，他们的谈话内容开始转向双双都感兴趣的移动互联网和手机方面。

据林斌回忆称，他们两个总是有聊不完的话题，常常聊到凌晨都不会散场。林斌热衷于研究手机，认识了雷军以后，他才发现雷军比他更痴迷，两个人因此建立了密切的联系。2009 年，雷军邀请林斌和他合伙创业，这个事情让林斌很吃惊。

创业不是小事，对林斌来说更是一件成本很高的事情，他是外企的职业经理人，十几年来，职业生涯一直很稳定，对于创业，他有些犹豫。他问雷军："你已经什么都有了，创业图什么？有没有雄厚的资金支持？"林斌的问题直白而又现实，对此，雷军只用一句话就打消了林斌的疑虑，他说："拿不到钱我自己出，我就有这么多。"最终林斌答应了雷军的邀请。

林斌成了第一个被雷军拉上船的人，两人合计了一下，发现当下最重要的是组一个可以做移动互联网的团队，要研发移动互联网，三个部分很重要：产品、工程和设计，每一个部分的领头人物都很重要，找人是当务之急。

2009年底，找人的事情有眉目了。黎万强是雷军在金山的旧部，毕业于西安工程大学工业设计学院，曾任金山软件设计中心设计总监，是研发团队中设计部的不二人选。他刚从金山辞职，准备换一个行业做。辞职之前，黎万强给雷军打了一个电话征求他的意见，雷军还劝他慎重考虑。后来两个人一起约吃饭，雷军问他辞职以后干什么？黎万强说有开影棚的想法，雷军一听就笑了，说："你别扯了，跟我干吧！"2010年，黎万强参与了小米的创办。

一切都是机缘巧合，雷军这边拉来了黎万强，林斌也找到了他在微软的旧部黄江吉，黄江吉在微软负责的项目被公司总部叫停，手下的团队面临解散的压力，黄江吉来找林斌诉苦，林斌趁机劝他加入小米。

2010年2月，林斌找到他在谷歌的下属洪峰。洪峰是美国普度的博士，在Google工作四年，在美国的时候就是高级工程师，后来回国，成了Google中国的高级产品经理。雷军决定见见洪峰，洪峰是一个强势很有想法的人，雷军以为这次见面是他面试洪峰，没想到洪峰的问题问得比他还细致全面，最后反过来倒成了洪峰来面试他了。不过洪峰的几个问题打开了雷军的思路，让他更加想要拉洪峰入伙了。

谈话结束后，洪峰加入了小米团队，主要负责移动互联网的产品开发，看来洪峰已经认可了雷军。创业初期的团队组成了，2010年4月，北京小米科技有限责任公司完成注册。经过了一年的沉淀和积累，小米已经积攒了一定的人气和口碑。

周星驰的《功夫》里有一句话："天下武功，唯快不破。"随后，雷军和林斌开始寻找硬件团队。两个人一共面试了一百多个手机研发人员，但没有一个是他们要找的，两个人陷入了找人的瓶颈期。

雷军向小米的同事保证，自己一定能找到最棒的团队。很快，雷军和林斌就把目光放到了摩托罗拉北京研发中心高级总监周光平的身上。在加入小米之前，周光平对雷军完全不了解，也不熟悉他所在的行业，只是听过雷军这个名字。那时周光平已经不在摩托罗拉了，刚进入戴尔工作，在这样的情况下，想要说服周光平加入小米，是有很大难度的，雷军和林斌都觉得说服周光平的概率不大。

没想到，约谈的结果出人意料，他们相谈甚欢，周光平答应加入小米。周光平已经五十多岁了，他经不起时间的蹉跎了，所以他不愿浪费时间。在决定加入小米的时候，周光平就对雷军说，如果小米做不成，他这辈子都不做手机了，不是因为别的原因，而是因为他真的做不动了。

在收获周光平后，雷军又得到了一个意外惊喜，就是刘德。刘德是北京科技大学工业设计系系主任。刘德的太太和洪峰的太太是闺蜜，两家人很早就认识，关系不错。通过洪峰的拉线，刘德决定加入小米。

六个合伙人，加上雷军总共七个人，雷军迈出了创业的第一步，就像动画片《葫芦兄弟》里的七个葫芦娃，团结起来才能共同消灭妖精。而他们七个人，个个能独当一面。

找到合伙人只能算是开始创业迈出的第一步，他们的梦想和蓝图，不是架在空中楼阁上的，而是需要一砖一瓦的砌盖，而这一砖一瓦指的就是供应商和投资人。

早在创立小米之前，雷军就找过晨兴创投的刘芹，晨兴创投是晨兴集团下属从事科技投资的机构，刘芹负责的就是在中国TMT领域的投资。雷军打电话给刘芹，说了他要办小米的想法，这通电话从晚上九点打到早上九点，总共打了12个小时。据说，这期间，刘芹换了三部手机，雷军则用完了三块电池的电。

这通电话对于雷军和刘芹两个人来说都至关重要，正是这通电话，让刘芹决定投资雷军这份前途未卜的事业，未来也为刘芹自己带来了巨大收益。

投资人很重要，供应商同样重要，手机产业离不开数以百计的供应商的支持。在找供应商的这条路上，他们付出了更多的努力。

雷军和林斌不懂硬件，他们俩拉上周光平约谈了第一家供应商，却得到这样质疑："把你们前三年的财务报表拿来让我看，否则我怎么知道你会不会做一半倒掉？"他们没有想到，供应商竟然会是他们遇到的一个巨大路障。

费了很大一番功夫，手机的核心零件芯片才到位，手机屏也一直是个问题。负责设计的刘德和他的设计师们早就把图纸设计好了，闲了一段时间后，刘德被派去和供应商谈判，一开始，刘德是不太愿意的，他并不擅长谈判，但真正坐上了谈判桌，他立马就变得不一样了。

刘德在供应商身上大打感情牌，请他们吃饭，跟他们闲聊，然后再跟他们讲小米模式。然而饶是如此，绝大多数的供应商还是选择了拒绝，人都是现实的，在没有看到成绩之前，很难相信你的大力鼓吹。刘德没有放弃，不厌其烦地约见供应商，几个月间就见了上千人，整个人也瘦了一大圈。

为了增加谈判的成功率，他带上了具有一定名气的雷军。在日本福岛核电站事故之后，为了拜见日本的夏普公司董事长，雷军和刘德不顾被辐射的危险，一起坐飞机赶往日本，当时他们乘坐的那架飞机包括他们只有寥寥十几个人。对于他们的勇气和满满的诚意，对方表示非常感动，但是这一次的谈判并没有那么顺利。

刘德回忆起这件事，说道："我们主要是讲故事。一个从来没做过手机，没有既往成绩证明的公司只能讲未来。讲到最后，连自己都被感动了。"

谈判不顺利，但是他们的努力并没有白费。2011年8月，第一代小米手机发布，屏幕正是由夏普提供的。

只要肯努力，你所付出的汗水永远不会亏待你。雷军组成的这个小米团队阵容豪华，每个人在团队中的作用都是其他人无法取代的。这个豪华团队中的人都是来自Google、金山、摩托罗拉和微软等重量级的大公司。他们的共同点是：都把小米当作自己人生中最重要的一次创业。

创业过程中最重要的事情是组建团队，其次才是产品，只有找到优秀的团队，才能制造出好的产品，这就是雷军的创业理念。

雷军亲手组建起来的团队里，个个都是精英，人人都能独当一面。之前是七个人：雷军是董事长兼CEO，林斌是总裁，黎万强主管营销，周光平负责硬件，刘德负责工业设计和供应链，洪锋负责MIUI，黄江吉负责米聊。后来加入了负责小米盒子和多看的王川，雷军曾经对王川说过一句话："你干什么我都支持你。"王川没有让雷军失望，他一步步成为小米电视的掌舵人。

八个不再年轻的男人组成了小米这个团队，他们每一个人手下都有超过几百人的大团队，但是他们每个人负责的领域不同，互相不干涉。他们和而不同，携手而行。就像雷军说的，创业过程中最难的事情是找人，而这第一步，他做到了且做得很好。

要有一个巨大的市场

在创立小米之初，雷军有过一个目标，要把小米做成市值达一百亿美金的公司。现在雷军再回想起来，就觉得自己当时的想法太低俗、太物质了，不过一百亿美金在当时可算是个天文数字了，当时的雷军也真的是抱着这样的想法去努力的。

雷军知道，要实现目标不是坐在办公室里打几个电话、喝几杯茶就能实现的，他现在需要的是学习和研究。

雷军开始学习已经成功的企业老总的创业经验，学习没有白费，他从马云十几年的创业史上学到了经验。为此，他专门去了一趟杭州，向马云表示感谢。

从马云那里，雷军学到了很重要的三点经验：找靠谱的人、有一个巨大的市场和花不完的钱。靠谱的人，雷军已经找到了，在他的眼中，他的合伙人就很靠谱，他们每一个人的位置都十分重要，每个人都把小米当作自己的孩子看待。另外，花不完的钱这一条，也并不是很难理解，虽说金钱不能决定一切，但是一个企业有了钱，才能拥有尝试的勇气。没有尝试就没有失败，更没有成功的机会。

钱从哪里来？雷军很有钱，但他并没有花不完的钱，公司想要发展还需要融资。虽然融资并不容易。但雷军很清楚这里面的道道，他自己就是天使投资人。

前面提到，雷军获得刘芹的投资之前，两人打了十几个小时的电话，可见二人相谈甚欢，连电话都舍不得放下。后来刘芹说起那通电话，其实那天晚上基本上都是雷军在说，他在听。

刘芹对雷军并不陌生，他们是老熟人了，他一直知道，雷军绝不会满足于现在的发展状况，他是一定会做大事的人。对于雷军的看法，刘芹说道："雷军做事情很周全，计划很缜密，他不需要被说服，只是在做决定前需要有人PK。"

刘芹其实是相信雷军的，只不过他还需要一个推他前进的理由，他只问了雷军一个问题："你已经功成名就了，还需要跳下来拼一把吗？"雷军的回答很简单也很震撼，他说："我对创业仍有敬畏之心，不会因为我叫雷军，就不会死。"正是这句话打动了刘芹。

后来，雷军和林斌、黄江吉三人去上海拜访刘芹，刘芹问他们："你们三个，一个来自微软，一个来自Google，一个来自金山，完全是土洋结合，怎么合作？"然后又问道："你们怎么看待创业？"一个半小时后，刘芹就已经做下决定要投资小米。

刘芹能这么快答应为小米融资，不是他的性子急，而是他足够了解雷军，他们是很多年的好朋友了，他知道雷军有这个能力办成这件事。对于雷军要做的事，他甚至是有一些期待的，或者说，他已经等雷军的电话很久了。

最后，刘芹投资了500万美金，其实对于雷军来说，这个数字并不算多，他自己也能拿出这么多。但是这笔钱对于雷军来说，具有不一样的意义。在刘芹投资之前，雷军是有意思退却的，他甚至不太敢向身边的人谈融资，因为他怕小米以后做不好。

很多人都觉得他做手机这件事并不靠谱，或许还有点疯狂。他自己也担心，一个从未涉足过的行业，如果他搞砸了，就不仅仅是丢面子的事了，他背负的将是投资人的压力。雷军自己也是做投资的，如果这个钱是他自己投进去的就不会有这么大的压力，一旦加入了别人的资金，压力也就随之而来，不过，或许他现在需要的正是这样的一点压力吧。

刘芹的投资给了雷军莫大的勇气和决心。雷军决定对眼前的压力照单全收，他相信自己背后有这么厉害的一个团队，他一定会成功的。一开始行动就带来了惊人的成效，2010年底，小米终于完成了首轮融资，对于一个创业公司来说，首轮融资是至关重要的，这次融资金额达四千多万美金，投资方为晨兴创投、启明创投和IDG，小米的估值达到2.5亿美元。无论是组件公司团队还是找投资人融资，雷军都艰难而又顺利地完成了。除了雷军付出的努力和汗水外，还有一点最重要的原因，就是巨大的市场需求。

从经济学角度来看，市场需求对短期经济增长具有决定性作用。雷军是懂经济学的，他知道，任何一个大公司的崛起，背后都有一个巨大的市场需求在支撑着，如果没有一个巨大的市场需求做背景，任何公司都是做不成的。

雷军一直在观察，从 2008 年 Google 发布安卓系统到 2009 年第一部安卓手机的发行，每一件事都没有逃过雷军的眼睛，他知道未来几年将会是移动互联网的时代，智能手机将会是又一大流行趋势。

他不能再错过这个机会，这次移动互联网的海浪来势汹汹，他一定要放手一搏，不能再退缩，现在的市场需求如此，正是他做智能手机的好机会。

这是一个巨大的机会，也是一个巨大的挑战，对于一个自己从未接触过的行业来说，这个想法甚至有些不靠谱。但是市场的需求摆在眼前，让雷军没办法忽视它。在这样的背景下，雷军开始思考自己该做什么？需要做什么？

于是，便有了他组建团队、找人投资的行动。雷军的努力加上一点运气，让他做到了。找到了信任的人组成了豪华的小米团队，找到了投资界颇有远见的人完成了投资，这些都成为奠定小米走向成功的基础。

"小米加步枪"，放手一搏

小米的崛起，把雷军推上了舆论的风口浪尖，在很多人眼里，这就像是一个奇迹。小米是一种很普通的食物，但是雷军为自己的公司起"小米"这个名字确实有很深的寓意，他要用"小米加步枪"的创业精神，在一个他自己并不熟悉的行业里，打下一片江山。

在解放战争时期，我们的人民军队正是凭着"小米加步枪"，取得了最后的胜利，这本身就是一个奇迹了，这个奇迹在历史的硝烟渐渐散去后，成为一笔可贵的精神财富。

而雷军现在就是用"小米加步枪"的精神在努力，刚开始的公司，只有十几个人，公司设备也是简简单单。可以想象出创业刚刚起步时的艰难。虽然在很多人眼中，小米的突然崛起就像是一个神话，但雷军自己心里很清楚，小米从来都不是一个神话，小米的崛起是他和他身后的团队一步一个脚印走出来的。

雷军的起跑线比一般的创业者要高出很多，他手里有钱，身边有人脉，而且曾任金山CEO、UCWeb董事长等职位，同时又是天使投资人。但是当他决定踏入一个全新的行业时，就注定了他要付出加倍的努力，在一个全新的领域里一切都是未知的。

怀着"小米加步枪"精神的背后，是放手一搏的勇气。短短几年的时间，小米就从一个不知名的公司不断发展壮大，成功地打开了市场的大门。不管在哪一个时代，都会有一个机会出现。就像雷军说的那个让猪飞上天的"台风口"，创业不论是放在哪一个行业里，都不会是一个简单的事情，总是要付出创业人数不清的努力和心血。

"小米加步枪"的精神模式不仅仅是用于革命时期，对于当下的时代，同样适用。雷军靠着这样一股精神劲儿，从苹果、三星等行业巨头中穿过，登上了智能手机的大舞台。在别人看来是个奇迹的小米，在雷军看来，大概是庆幸吧！他庆幸小米有这样惊人的成就。

雷军创办小米时已经四十岁了，他不再年轻，而他团队精英的平均年龄也超过了四十岁，他不能输，他的团队更是输不起。雷军已经经历过一次失败了，大学时的第一次创业，他在青涩的梦想中失败。金山CEO、天使投资人、UCWeb董事长……这些经历都是普通人所没有经历过的。换言之，他已经是个成功人士了，所以，小米是一定不能失败的，这不仅仅是一个男人的面子问题，还是整个团队的希望。雷军曾经在接受采访时说过，小米是自己的最后一次创业，会全身心地投入，如果不成功，自己将"退休"专心做投资。所以，他创办小米时也定是用了莫大的决心和孤注一掷的勇气。

雷军把他的勇气和决心蕴含在"小米"这两个字之间。在谈到小米的含义时，他说："小米的拼音是mi，首先是Mobile Internet（移动互联网）的缩写，小米要做移动互联网公司；其次是mission impossible，小米要完成不能完成的任务；当然，我们希望用小米和步枪来征服世界。我们希望'小米'这个亲切可爱的名字成为大家的朋友。"

因为雷军把小米当自己的孩子一样来培养，所以他不愿意将就。他想要把自己的品牌做到最好，如果能成为一个百年企业，那是再好不过的了。于是，雷军就在想，中国有哪个企业做到了百年？

他首先想到的就是同仁堂，在研究同仁堂这个百年老字号的时候，他发现了同仁堂一个极其重要的理念："品味虽贵必不敢减物力，炮制虽繁必不敢省人工。"这句话的核心内涵就是不偷工不减料，这是最简单的道理，很多企业却做不到。别人做不到，那么他雷军要做到，小米需要像同仁堂一样认认真真地做产品。

雷军曾经看过一本书叫作《基业长青》，这本书讲的不是企业如何赚钱，讲的是企业如何发展下去。他知道一个企业想要做好，不能只想着赚钱、只想着利益。这句话同样是说起来容易、做起来难。

"同仁堂"是中药行业著名的老字号，创建于清朝康熙八年（公元1669年），历经八代皇帝，在上百年的风雨历程中，它始终恪守一条祖训："修合无人见，存心有天知。"在没有人监管的情况下，做事不能违背自己的良心，更不能见利忘义，因为你所做的一切，上天都是知道的。

人在做，天在看，不管怎样都不能违背自己的本心。同仁堂的这条祖训让雷军的内心有了很大的震动，雷军决定也要走这样的路。现在中国有一些问题企业，喜欢偷工减料，喜欢耍自己的小聪明，喜欢走捷径，这样做对企业的打击是致命的。这年头，谁也不是傻子，人们的生活质量提高了，不再仅仅追求廉价，而更看重商品的品质。

雷军希望小米也能制造出有质量的产品，他决定走一条不同寻常的路，他要用全球最好的材料来造自己的产品。这对于一个刚刚起步的新公司来说，是非常不容易做到的，因为这样一来，就意味着他们的产品成本将会增加，但雷军义无反顾地这样做了。

不忘初心，方得始终。

从雷军秉持"小米加步枪"精神的那一刻起，他就想好了，小米的创业精神，不仅仅要包括充裕的热情和不怕艰难的努力，还需要有重视品质、恪守本心的追求。做到不"宰"客户，不过分贪利。小米不是神话，有的只是一份艰苦奋斗不停歇的创业精神。

雷军对"小米"这个他亲手创建起来的品牌，抱有很大的希望，而且这一次，他是怀着放手一搏的决心。

所以他才会说出"小米在三五年内不以营利为目的"，事实证明这句霸气的话不是喊喊口号而已，雷军是一个眼光独到的天使投资人，他要的不是急于求成的快速成功，他希望的是用"小米加步枪"的精神去征服世界。

雷军拥有创业老板的特质——勤奋

2019年9月19日上午，小米科技园正式举办开园典礼，雷军说道："九年前创业，在中关村银谷大厦807室，300平方米的办公室，我们也举办了一个小小的开业仪式，来了一位嘉宾，也放了礼炮烟花，还喝了小米粥，开始了北漂奋斗。北漂九年，终于买房了。"

雷军向观众介绍了小米科技园的基本情况："小米科技园有8栋楼，面积34万平方米，造价高达52亿。今年7月9日，小米科技园首次启用，上万员工陆续迁入，9月底搬完，完成入驻。"

小米新总部位于北京市海淀区上地，坐落于西二旗中路西侧，与联想、百度等产业园相隔不远。小米科技园的规模很大，内部有体育馆、健身房，顶层还有室内花园等设施。

查阅资料可知，小米科技园正式动工的时间是在2015年7月22日，当时雷军就大发感慨："小米在北京创业五年，像北漂，首先是银谷大厦，接着是卷石大厦、宏源大厦，再搬到五彩城大厦，又租了五彩城周围四栋楼，几乎一年搬一次！在北京，终于会有一个自己的家。"

是啊，小米公司终于结束了租办公楼的生涯，北漂9年，奋斗了9年，终于有了属于自己的办公楼！

雷军还提到，这只是一个开端，小米公司不只要建造一座科技园，未来2～3年要让办公室的面积超过130万平方米，届时小米的办公条件会大为改善，一个良好的办公环境也能给小米员工提供更好的生活环境，进而不断提升小米的业绩。

此外，雷军在开园典礼上还发出了"幸福都是奋斗出来的，奋斗本身就是一种幸福"的感慨。

众所周知，勤奋是每一个人走向成功之路的必要条件，而雷军的上述一番话就点明了勤奋的重要性，而他也是这么做的。

雷军的勤奋在业界是出了名的，素有"中关村劳模"之称。他到底有多勤奋呢？他的同事和互联网同行的评价就可以很形象地说明这一问题。

王川，雷军好友，也是小米公司的联合创始人，他曾爆料，雷军每天的工作时间长达15～16小时，每周工作6～7天，如此高强度的工作密度，如果不是有巨大的信念支撑，是不可能实现的。

小米公司高级副总裁祁燕也曾提起过，雷军每天直到凌晨1～2点才下班，下午3～4点吃中午饭，晚饭的时间是午夜12点左右。

雷军不仅勤奋，还特别自律，并且有很强的时间观念。可以说，他的时间是按分过的，这种自律让很多下属感到惭愧。在公司开会时，雷军特别注重细节，有时候一个小的细节问题，可能大家觉得无关紧要，把它忽略了，但雷军发现后一定会再次提及，让大家讨论。有时候开完会下班回到家，雷军有了新思路，他会马上打电话给相关下属讨论这个问题。

雷总的身边总会有一个小本子，这样他可以在一想起任何重要的想法时立即记录下来，以免忘记。雷军给大家一个印象，他似乎总是在不停地思考问题。如果身边有这样一个勤奋的领导，哪个下属还好意思不努力工作呢？

他的勤奋甚至影响了互联网同行。58同城的掌门人姚劲波曾开玩笑地说，他经常把雷军作为自己的勉励，每次他比较累的时候就想一想雷军，这样心里就好受多了；甚至连以勤奋闻名于业界的周鸿祎在雷军面前也自愧不如。

雷军似乎是把勤奋工作的信念融入了他的血液里，一直努力践行这一信条，但很少向外界分享自己对勤奋的见解。不过，2017年，雷军却在小米投资生态年会上罕见地谈论勤奋的话题。他在会上分享了两个关于勤奋的案例：

第一个案例是：2017年9月，雷军和小米供应链副总裁张峰拜访韩国三星总部，期间曾问三星的三个副社长早上上班的时间，有两个人回答6点半，一个人回答5点。雷军从这次对三星公司的拜访中有所领悟，三星能成为全球最赚钱或最成功的公司之一不是没有道理的，这里边每个人的付出可能都比外界公众想象的多得多。

第二个案例是：他在来参加投资生态年会的飞机上，阅读《六项精进》，这本书的作者就是被日本人奉为"经营之神"的稻盛和夫。稻盛和夫成功创办了两家世界五百强企业——京瓷、KDDI。雷军向观众分享了这本书的主要内容，他认为这本书2/3的内容可以总结为三句话：一是付出不亚于任何人的努力；二是认真、拼命地工作；三是除了拼命工作之外，这个世界上不再有更精明的经营诀窍。

雷军认为，创业是一件非常困难的事情，可以说"不是人干的事儿"，创业者没有大家想象得那么光鲜，企业家之所以成功，背后都付出了常人难以理解的努力。他说："在成功的路上，其实只有一个秘诀：认真、拼命地工作。"

雷军的勤奋并不只是在小米公司才出现的，他在金山公司时就是一个勤奋的人。这不得不提到他当上金山公司总经理的缘由。

1991年，雷军在某展会上遇到一个年龄在26～27岁，浑身上下穿名牌，显得意气风发的男子，这个人就是金山公司的创始人求伯君。一个月后，求伯君力邀雷军加入金山公司，雷军刚开始以为金山公司是一个大规模公司，进入公司以后才发现，公司总共就5个人，加上雷军也就6个人，他觉得自己被忽悠了，但看到金山公司有着浓厚的程序员文化，所有员工都热爱写程序，他也就留了下来。

到了1998年，金山公司发展到100多人，虽然与现在的大公司相比人数不多，但在当时已经算是规模比较大的互联网公司了。人一多，公司就遇到了管理上的问题，本来他们想找一个CEO，但一直找不到合适的，最后求伯君就让雷军做起了总经理。雷军才28岁就当上了总经理，这按理来说是一件可喜可贺的事情，但他的父亲给他打电话，说他这样的职业就跟万金油似的，不如搞一点技术合适。雷军虽然听了心情很沉重，但既然答应了求伯君，他也不好推辞，所以就白天当总经理，晚上写程序，以提高自己的技术水平，让自己在管理和技术上两不误。

虽然后来某个新员工由于工作问题把他的电脑格式化了，使他的这一计划被打破了，但从他的行为来看，晚上和白天都不闲着，也是勤奋的表现了。

而且求伯君对雷军的勤奋和严谨也深有体会。求伯君经常睡懒觉，所以起床非常晚，他一般会把会议安排在下午开，而雷军总会在正常的时间点开会，绝不会让自己的事情影响到工作。

　　雷军的勤奋还体现在，大学时他只用了2年的时间就完成了其他大学生4年才能修完的学分，提前毕业，在金山公司一干就是16年。能取得这么多的成就，仅靠运气是绝对不可能的，认真、踏实和勤奋才是他走得长远的重要原因。

第二章

得粉丝者，得天下

  从一个不知名的小公司，发展为现在的国产手机企业巨头；从最初的一百个用户，到如今的几百万、几千万的用户量。小米的成功是一步一个脚印的努力得来的，也是用户的力量一点一点积累起来的。古人云，得人心者得天下。如今小米的生存之道是"得粉丝者得天下"。小米背后众多的"米粉"是一种力量，也是小米的未来。

小米"为发烧而生"

说起小米手机,很多人就会脱口而出那句朗朗上口的经典标语——为发烧而生,这其实就是小米的品牌定位。这句台词不仅仅是一个宣传口号,还是其产品特点的体现:较高的性价比。

"小米,为发烧而生"这句标语,能让大众一下就想到"发烧友"这个群体。"发烧友"泛指对某些事物具有特别爱好的人群,有微博发烧友、电脑发烧友、音响发烧友、手机发烧友等等。而小米这个"为发烧而生"指的是手机配置高,符合发烧友对手机性能的要求。

小米成为令人瞩目的后起之秀,雷军也被评价为"雷布斯",被奉为和美国苹果公司联合创始人乔布斯一样的传奇人物。

在中国这样一个人口众多的国家,人口多意味着需求大。随着需求的增大,品牌厂商的数量也随之增长,市场竞争变得越发激烈,小米能从中脱颖而出确实难能可贵。

小米能够在激烈的竞争中脱颖而出是有原因的,雷军对市场的调研做得十分精细,从而做出最有利的判断。他对各个年龄段的消费者都进行了详细的研究和划分,最后把目标放在年龄处于 25 ～ 35 岁之间的人群。这个年龄段的人群对小米来说很重要,他们大多经济独立,且正在发展自己的事业,不管是初入职场的上班族也好,或是创业初期的年轻人也好。他们都有一个共同特点:乐于接受新事物。他们接受新事物的能力比其他年龄阶层的人群要高得多,而且有时间、手头也有钱,具有更加超前的消费观念,喜欢尝试新鲜事物,而最重要是的这个群体的数量庞大,且有一定的经济能力去支持消费,这也是雷军选中这个群体的原因。

然而,这个人群也并不是雷军最后的目标,他要的是更精准的定位,毕竟这个群体太庞大了。所以,他在这个人群的基础上做了更为精细的划分。最后的定位放在手机发烧友上，只有对手机的狂热爱好者，才会成为市场人群的切入点。手机发烧友善于去寻找适合他们的手机，一旦找到了，就会对其他的消费者产生一个引领带头的作用，这样会带动其他消费者的跟风使用，因为这群人代表着手机消费的时尚最前沿。

找到了精准的市场人群，这对于公司来说是一个很大的突破口。也许正是因为这个市场定位，才会有了那句经典的台词——为发烧而生。脍炙人口的短短五个字，带给人的冲击力却是极大的，而且更容易深入人心。

而这句台词也没有辜负它的内涵，小米手机确实是高性价比、高配置。就拿小米2来说吧，这是一款全球首次采用28纳米四核1.5GHz处理器的智能手机，它甚至有"性能之王"的霸气称号。

在当时的市场主流机都为1G内存的时候，米2就率先把运行内存提升为2G，再加上其优质的硬件配置，让米2一跃成了当时"最高配置"的手机，强大的性能已经成为吸引消费者的资本。而且它还有一个制胜法宝——米2延续了小米一代手机的定价——1999元，这个定价让米2成为手机发烧友心目中2012年最值得期待的智能手机。

2012年8月16日，小米2在北京的798艺术中心开发布会，并于当年10月发售正式版。结果当然是大获全胜，小米2作为当时最高配置的手机，却拥有着亲民的中档价格，任谁都会忍不住选择它吧！

雷军曾经说过，他觉得自己在做的就是优衣库、无印良品和宜家的事情，他的目标就是把小米的产品做得像它们一样便宜而且质量。小米在品牌塑造上，重视的是"发烧友"这个概念。其实做品牌和做人是一样的，你一定要告诉别人你是谁，才会有更多的人了解你。

如果你连怎么介绍自己都做不好的话，那么就怪不得别人不认识你、不了解你，甚至误解你。还记得《西游记》里的唐僧吗？别看他平时总是唠唠叨叨，但是他在推销自己方面的功力还是不错的。有一句台词，想必看过《西游记》的人都很熟悉："贫僧唐三藏，从东土大唐而来……"简单扼要的三两句话，就成功地把自己推广出去了。

小米的品牌概念又何尝不是在推销自己：小米，为发烧而生。要做就要做到极致，小米2的像素、视网膜屏等等的高端配置是硬件的优势表现，如果把硬件的优势比作是"外在修养"的话，那么其MIUI系统便是小米的"内在修为"，小米真正做到了内外兼修，不仅要"外表美"，也要追求"心灵美"。

一个品牌首先要解决的事情就是告诉大家你是谁，第二件事就是把自己的名声在人群中传播开。小米品牌的胜利不是偶然，是新品类的胜利。雷军不仅仅只想要小米做智能手机，小米机顶盒、小米电视等等也是他想要开发的领域。

全新的品类和品牌概念吸引着更多的客户，接下来所要考虑的，就是小米要走的第二步——传播。小米科技的联合创始人黎万强曾经在他的畅销书《参与感》中写道："不是劈开脑海，而是潜入大脑。"

传统企业要做品牌形象都是采取劈开大脑的路子，就拿最贴近生活的一个例子来说：保健品在人们还没有看到产品的时候，就不断地被人灌输一个概念，就是这款产品对你的身体有多好多好，但是口说无凭，这样子的宣传方法，相当于是在用洗脑的方式让客户记住你的品牌，需要砸入长期的广告。而且这样做的效果却不一定理想，也许这样洗脑式的方法能让客户牢记在脑海，但是客户却远远没有被说服。

而潜入大脑式的方法是让客户真正参与其中，品牌定位对消费者的影响力是巨大的。著名的特劳特定位中曾提道：随着消费者选择的力量越来越大，企业不能再仅从盈利角度来经营自己的品牌。只有抢先利用定位理论优势，才能把握住消费者的"心智资源"，在竞争中居于主动地位，获得长远的竞争优势。

黎万强所说的"潜入大脑"就是这个道理，在用户的使用过程中，让用户能感受到全新的体验，就算是不打广告，带来的效果也会很好。

一个品牌想要走向成功，就要有一个精准的定位，小米的成功正是验证了这一点，真正做到了为发烧而生。

小米要成为中国国民品牌

2010年，小米刚刚创业的时候，十几个人坐在小米的工作室里，喝着黎万强爸爸亲自煮的一锅小米粥。2014年，四年后的小米要搬家，按照四年前的"传统"，他们又一次喝到了黎父准备的小米粥。

第一次喝小米粥的时候，小米还只有区区十几人，在四百多平方米的办公室里，显得空荡荡的。四年后，他们再一次喝到小米粥，还是那个熟悉的味道，但这时的情况比四年前都好的太多太多。无论是在华润五彩城的小米办公楼，还是新大楼"总参"，都是热闹非凡，办公室里更是座无虚席，员工人数也是最初的几千倍，这一切的成就都是不知道付出了多少倍的努力才得来的。

在过去的几年里，小米的成长速度十分迅猛，更是很多大公司都无法赶超的，这样的速度让人望尘莫及。创业之初，十几人的团队喝了一碗小米粥，就开始创业。怀着"小米加步枪"的精神，带着小米一步一步走向成功。

在竞争激烈的手机市场，小米是怎么发展起来的，雷军在他的演讲中为我们做出了解答。很多公司采取的都是机海战术，手机产品完全覆盖了高端、中高端、中端、中低端、低端各个产品线。机海战术有机海战术的好处，这样产品在市场上的涵盖面积广，总有一款手机适合用户。就像是向市场抛出一堆手机，看看哪一款可以热销，这其中多少带了点"侥幸"的心理。

2014年7月，小米在北京举行了小米4的新品发布会。在过去的三年里，从2011年8月发行的小米1到2014年7月发行的小米4，小米总共发行了 6 款手机。很多不懂行情的人都会觉得这好像是一件挺正常的事情。但是在手机行业，除了苹果手机之外，绝大部分手机厂商都会选择"机海战术"。它们每年都会发布 50~100 款手机，在这样的情况下，基本上没有人能完全记住这些手机的型号。但是雷军偏偏不信"机海战术"这一套。

在雷军刚刚开始做手机的时候，他就在想：能不能只专注做几款手机？他想到要为 20~30 岁的理工科男生做一款手机，满足他们对手机高性能的追求。有了这个想法以后，雷军便在心底有了大概的思路：少出几款手机，就会少一些事情，就会有更多的精力把专注点放在几款产品上，这样就能把这几款手机做到极致。

雷军说："我卖的每一款手机，我包里都有，几乎每天拿出来用用看，看它好在哪里、不好在哪里。去年 7 月份红米手机发布，到现在已经卖出了 2500 万部。前不久我又拿了一部量产版用，想看看一年半前的手机现在用起来感觉如何，事实证明用起来还是非常好。"用自己的体验来证明自己的产品是好的，也证明了雷军的决定是对的。如果当初雷军走了"机海战术"，那么小米每年就会生产出几十款的手机，这样一来，恐怕雷军就没办法一一体验自己做出来的手机了。如果一个产品连你自己都没有用过，那就根本不会知道消费者用起来是什么感受。没有使用就没有话语权，就不能对消费者说这个手机有多好用，因为你根本不知道它是否真的好用。

雷军想要做精致的产品，事实上他自己也是手机发烧友中的一员，手机对他而言就像是生活必需品一样，而小米的产品就像自己的孩子。所以他不愿意将就，不愿意粗制滥造。"中国制造"是世界上认知度最高的标签之一，这个标签可以在众多的商品上找到，从服装到电子产品等等需要众多劳动力参与制作的商品。

在外国人的眼中，中国是为全球的制造企业加工生产产品的"巨型工厂"。长期以来,"中国制造"都是廉价的代名词,价格低的同时也就意味着产品的质量也跟不上。贴着"中国制造"标签的产品遍布各地,却几乎没有什么东西带有自主创意和领先优势。

质量对于一个产品来说是很重要的,粗制滥造会给品牌口碑带来极其不利的影响。不走"机海战术"的路线,雷军想要做到质量超前和超预期的用户满意度,必定会导致小米手机制造成本的增加,"质优价廉"不是那么容易能做到的。

即使看似不可能完成,但是雷军仍不想放弃他的坚持,他开始研究学习其他企业的成功经验。雷军首先注意到的是沃尔玛的"薄利多销"策略,对于这个策略,沃尔玛是这样解释的:一条女裤的进价是8美元,如果在商场卖到12美元,那么一天能卖10条,净利润为40美元;如果在商场卖10美元,那么一天能卖30条,净利润为60美元。这大概是对"薄利多销"这个策略的最好解释了。

再一个例子就是Costco了,作为会员制仓储量贩式卖场的"鼻祖",Costco或许本身就有更低定价、薄利多销的底气。降低销售产品的利润,争取更低廉的进货价,每一种产品只卖几个最好的品牌,从而进行"薄利多销"。这大概就是Costco成功的原因。

在沃尔玛和Costco上,雷军发现了值得借鉴的地方,降低运营成本、采取高效的管理模式是当务之急。以此为启发,雷军决定不搞"机海战术",每年的产品只做最好的几款。

只做几款最好的,不仅是手机,小米在其他的产品上也做着这样的打算。对此,雷军总结了一个"七字诀":专注、极致、口碑、快。在雷军的带领下,小米的发展就像是坐上了特快列车,迅速地成长起来。雷军说:"我的目标是让小米在5~10年的时间里,成长为一家世界级的伟大公司。"在乌镇世界互联网大会上,雷军表达了想要小米赶超苹果的愿望,这个愿望受到了外界不少的质疑。对于这些质疑,雷军似乎不太介意,半开玩笑半认真地回应道:"梦想还是要有的,万一实现了呢?"

雷军对小米的期望是很高的,他希望小米能够成为中国的未来:当外国人提到中国就会想起小米,让全世界都来享受中国的科技创新力量,让小米成为国家的代言人。雷军的"野心"不止于让小米成为知名品牌,还想它成为一种国家的品牌象征。就像是人家提起韩国就会想到三星,提起日本就会想起索尼,提起美国就会想起苹果,未来希望别人提起中国就会想到小米。

做优质的产品,把小米推向世界,让小米能够有机会成为民族品牌,代表中国走向世界,这是雷军的"野心"。

天下武功,唯快不破

电影《功夫》里有一句台词:"天下武功,唯快不破。"这句话的意思是,天底下的武功都有其不足之处,就算防守得再好,百密一疏,也总能找到破解的办法。快速进攻,让对方难以招架,待其露出破绽后,一击而破。

雷军经常提到这句台词,他认为"快"是互联网企业竞争的利器。除了这句八字台词,雷军还有一个"七字诀":专注口碑极致快。"七字诀"的最后一诀就是快,和"天下武功,唯快不破"这句台词有着异曲同工之妙。

在雷军的眼里,"快"本身就是一种神奇的力量。互联网时代是一个神奇的时代,在这个时代里创业的人每一步都要走的格外小心,一个企业若想在高手如云的武林中脱颖而出,就要比别人快一拍,这样它的招数才不会被破解。

对于一个企业而言,"快"可以掩盖很多问题,当企业在迅速发展的时候,反而风险是比较小的,一旦发展速度变慢,相应的很多问题也会随之暴露。在确保企业稳定的状态下，快速发展才是最关键的问题。

时代变化如此之快，稍不留神，就容易被后浪拍在沙滩上。特别是在科技不断创新的移动互联网时代，新的产品不断研发，新生企业不断更迭。如果不及时创新和改革，而是固守着以前在排行榜上的地位，那么相信用不了多久，你就会被新晋升的企业所超越了。在当今竞争激烈的时代，慢一步，就会被别人抢在前面。

雷军成功办起了小米，还帮助朋友创办公司。但并不是一切都是一帆风顺的，在雷军创新发展营销模式的同时，小米也遭受了各种不同的质疑，大多是对产品本身质量的质疑。一慢下来，各种问题就会接踵而至。雷军知道自己必须勇敢地面对公司发展慢下来的尴尬，不能靠着吃老本生存，只有"快"起来，才能保住自己辛苦打拼出来的地位。

雷军又使了一个大招，那就是邀请陈彤加盟小米，陈彤曾是新浪网总编辑、公司副总裁，后来由于个人原因辞职。雷军把陈彤请来小米，让他出任小米副总裁，负责内容投资与内容运营，陈彤负责的领域正是雷军所不擅长的领域，所以陈彤的加盟，成为雷军为互联网营销走的一步好棋。

对于陈彤，雷军很尊敬他，他表示，陈彤是小米早期的投资人，我们不擅长内容，因此找到了十分擅长内容的陈彤。小米的核心还是要做出优质的产品，虽然小米的价格低，但并不是偷工减料的结果。小米的发展是不走寻常路，以一个巨大的网络平台为依托，内容就变得至关重要。小米做的是软件、硬件和内容高度结合的产品，所以内容一定要提高到与软硬件相同的高度。擅长内容的陈彤就此担负起了重任，要用10亿美元把内容穿起来。

陈彤表示，他认为雷军对互联网和移动互联网的认知堪称完美，自己加盟小米后最多半年，要让小米盒子与电视的内容发生翻天覆地的变化。

这大概也是小米"快"的一种吧！《三国志》里面有一个典故叫"兵

贵神速"，小米的"神速"，在产品研发方面，结合了消费者的参与，消费者能够和产品工程师进行交流，这样的模式是绝无仅有的，这样可以更有效快速地满足客户的需求；在产品更新方面，每周五发布一次版本更新、新产品等等。

这就再次回到雷军常说的那句话："天下武功，唯快不破"。用高配置、低价格的反差来打动消费者的心，快速赢得市场、打败对手，速度是雷军成败的关键。

想当年，索尼在全球大热的时候，小米还没有出生，索尼超越小米的可不止一大截。可是现在，小米正在如火如荼地发展，索尼却成了一个慢慢吞吞的老人家，失去了奔跑的力量。索尼的悄然落幕，留给世界的是一个模糊不清的背影。世事难料，你慢下来，就有可能再也跟不上这个世界的步伐了。

雷军的发展理念给了很多移动互联网公司一些启发，快是一种看不见的力量。雷军曾说过："我每天都很焦虑，我们可不可以更快一点？互联网真的把速度看得非常重要，所以，怎么在确保安全的情况下提速，是所有互联网企业最关键的问题。"雷军常常给自己施压，好使小米更快一点。

在互联网这个行业，最大的特点就是市场的不可预测性。市场瞬息万变，今天销售情况很好，产品出库量很大，但是不表示明天也会这么幸运。一旦市场发生了变化，几十万部的产品库存就有可能会压倒一个企业。小米面临的也是这样的情况，明天是不可预测的，小船好调头，大船就困难了。所以小米开着30万部产量的小船，快速地在手机领域航行，对行业的变化做出更快的反应，无疑已经成为小米的优势之一。

雷军非常推崇的一家社交游戏公司叫Zynga，总部位于美国的旧金山。Zynga公司的运营模式就是：快速推出产品并以更快速度对产品进行维护和更新。他们对速度的掌控力简直到达了不可思议的地步，每一个环节、每一个人都要保证快速运作，这点很重要，它决定了公司可以在最短时间里抢占先机并对产品作出相应的调整。虽然说这个道理大多数公司都懂，但真正能做到像 Zynga 这样每周对游戏进行数次更新的公司，寥寥无几。

雷军很欣赏 Zynga 的运营模式，所以在小米的模式上也愿意借鉴一二。在销售模式上，小米抛弃了大部分公司采用的分销、专卖的渠道，采用电商的方式保证了公司与小米用户的直接联系，能更快地接收到销售情况的反馈。小米的 MIUI 也坚持每周迭代，坚持出新的版本和功能。

在竞争激烈的电子产品市场，速度是一个十分重要的名词。今天还是人人疯抢的宠儿，过不了多久就可能沦为无人问津的弃儿，这就是市场的法则，谁也没有办法改变。三星公司的 CEO 尹钟龙做了一个比喻，把新产品比做生鱼片，要趁它尚且新鲜的时候卖出去，否则等它变成鱼干的时候就很难脱手了。这就是所谓的"生鱼片理论"，原意是指，抓到一条新鲜的鱼，就要在第一时间出售给一流的餐厅，如果有意外没能及时脱手，就只能在第二天半价卖给二流的餐厅，如果拖到了第三天，那没办法，只能卖到原先四分之一的价格了，如果再拖下去，就会变得一文不值。新鲜的鱼是这样，发展迅速的电子市场也是这样。

尹钟龙深谙此理，所以三星用创新和速度取胜，坚持走到对手的前面。电子产品的市场就是这样，残酷而又激烈。它的生存法则之一就是，在市场开始激烈的竞争之前，把最新的产品撒向市场，以抢占先机，哪怕是迟到一两个月，就有可能彻底丧失原本拥有的竞争优势。

无论是 Zynga 还是三星，不止一个的实例表明，在其他的关键性因素平等的条件下，谁快人一步，就能夺得胜利的锦旗，速度是竞争得胜的关键！

这才是雷军坚持"天下武功，唯快不破"的原因，如今的市场形势，容不得他有半点放松。

为消费者打造超高性价比

小米一直打着低价格、高性价比的旗号。雷军在一次演讲中说道："小米愿意不惜代价、不惜成本，用真材实料做好每一款产品。"

用真材实料做好一款产品这点很好理解，相信大部分企业都是愿意这么做的，那么不惜代价、不计成本这两点，就会有很多人犹豫了。毕竟对于一家企业而言，利益是很重要的。但是雷军愿意这么做，既要价格低廉，又要质量好，这还真是一道小难题。

价格低廉很好做到，市面上本身就有超低价的手机，这也不是什么新鲜事。但是市场上也流行着一句话："一分价钱一分货"，便宜没好货，好货不便宜，几乎成了人们共同的认知。

随着社会经济的发展和人民生活水平的不断提高，更多消费者不再单纯追求价格低廉，开始更看重商品的品质。雷军看好了这个市场，他决定要让小米变得不一样。在做产品的时候，小米看重的是"不惜代价"这四个字，在做小米1的时候，处理器用了最好的高通，屏幕用了最靠谱的夏普，在手机的每一个部件上，都努力做到最好。

很多企业在做产品的时候，都会想尽办法控制成本，只有这样才能在售价有优势的情况下赚到钱。企业会这样做其实不难理解，都是为了利益，对于消费者而言，如果不愿意付出高价，就享受不到更好的产品质量。

但是企业这样做也有一个很大的弊端，就是人们做事情的时候容易一不小心就"得寸进尺"了。举个例子，如果在一个很喜欢吃糖的小孩子面前摆一罐糖果，这个小孩子一定会忍不住想要吃，刚开始他可能还记得父母的教导，在心里告诉自己："只吃一颗，吃一颗就好了！"但常常是，

第二章
得粉丝者，得天下

吃完第一个，尝到了糖果的甜美滋味，就会忍不住吃第二颗、第三颗……最后一整罐都被吃完了。做产品也是这样，刚开始就想着要控制成本，一旦成为习惯，在不知不觉中就把产品做成了样子货，这大概也是市场上出现很多假货的原因之一吧。所以雷军说："小米在做产品的时候，至少有一条，愿意不惜代价地做。"

雷军曾经提到过一个经历，有一次他跟一群高管去美国出差，下了飞机后，除了雷军，其他人都去 Costco 购物了，雷军感觉很意外，我们有什么东西还需要跑到美国来买吗？

晚上大家购物回来，一个个向雷军展示他们的购物成果。雷军还是不解，这些东西在国内又不是买不到，干嘛非在美国买？于是，雷军就去问猎豹的 CEO 傅盛，问他买了什么？傅盛跟他说了一堆，说自己买了两大箱东西，最后说到了箱子，因为东西买的多，所以需要买箱子装，傅盛说这个箱子才是他的保留项目。他给雷军举了个例子，新秀丽的箱子，在北京，一个大号箱子再加上一个超大号箱子，加起来大概是卖 9000 多块钱。但是，在 Costco，只需要 150 美金，也就是 900 多块人民币。

雷军听完，真的被震撼到了，这种震撼简直无法用语言来表达。然后，雷军没有忍住心中的好奇，也去了 Costco，他就逛了十分钟，就去跟红杉资本全球执行合伙人沈南鹏吹牛，他说自己绝对看懂 Costco 了。Costco 的存在是特别的，它是全球第一家会员制的仓储批发卖场，它的运营理念就是尽可能用最低的价格给会员提供更高品质的商品，为了更好地达成这个目标，Costco 竭力降低营运成本，把省下来的资金全部用于回馈消费者。

Costco 最擅长的就是控制毛利率，一般一件商品只挣 1%～14% 的钱，按照规定，一件商品的毛利率超过 14% 是需要 CEO 特别批准的，据说其从创办伊始到今天为止，没有任何商品的毛利率是超过 14% 的。这样的经营方式给人耳目一新的感觉，这跟很多企业家的想法很不一样。Costco 里商品的综合平均毛利率只有 6.5%，也就是说，你到 Costco 买任一个商品，商家只赚了 6.5%。

大概这就是 Costco 吸引傅盛等人去购物的原因，Costco 能做得这样成功，门道还是很深的。首先是他的定位，它并不是为所有的人群量身定制的，它面向的只是美国的中产阶级。美国有三亿多人口，但是 Costco 的目标只针对其中的 5000 万人，它的目标是要让这 5000 万人的钱有一半都花到它这里，它的定位是服务精准客户。

其次就要说到 Costco 的商品，对于一个大型超市而言，里面的商品一定会是琳琅满目、应有尽有。但是 Costco 主张商品贵在精而不在多，每一种商品都只有两三种品牌，但是每一个品牌都会是比较精致的。这么大的超市里面，商品都是老板亲自挑选亲自使用过的，他对自己的商场提了一个要求，就是让消费者随时充满惊喜感，至少在看到十件商品的时候，能有一件商品让消费者感到惊喜和喜欢。

Costco 的服务优质在于，消费者到了那里，不需要那么纠结地看价格，也不必费劲地查询它到底好不好用，只要喜欢，只要需要，直接收入囊中就好了！因为这里的东西真的很好用，而且很便宜，傅盛买的新秀丽的箱子就是一个例子。"这是全球零售业的奇迹。"雷军如是评价。而且它的模式是会员制的，每年只需要 60 美金的会费，就可以在全球任意一家 Costco 使用，但是这个看起来颇不合理的要求，也被大部分人所接受，因为 Costco 的商品非常好也非常便宜，所以大家也非常愿意去出这个钱来交会费，这是对他们消费的投资。

雷军在了解了 Costco 的具体情况后，觉得非常有意思，在现如今的市场，人们都是在想着怎么提高利润，人人都这么想的时候，社会就进到了一个大的怪圈，这就导致了一个现象，中国市场上的好商品价格越来越高。

雷军去 Costco 逛的十分钟就看出来了，它和小米的模式几乎一模一样，真正做到了极致。雷军称，他在十几年前做卓越网的时候正是这样的模式，当时卓越网主要是做书店，书的数量并没有很多，只有一千多本。但是每一本书都是经过精挑细选的，现在的人很多都有选择困难症，做选择常常成了很为难的事情。所以为了给客户更好的服务，雷军找了一个懂书的人——陈年。卓越网仅用了两年的时间就获得了国内电商第一的荣誉。雷军总结，要做到这些，第一点就是要不惜代价地做好产品，第二点就是通过流程优化来控制成本，第三点就是竭尽成本做到别人一半的价格。无论是当年的卓越还是现在的小米，都是这样做的。

"在小米过去的创业时间里，我们所有的费用率全部加起来，研发、制造、维修、服务、市场、渠道，全部加起来只占了我们营业额的 5%，或者商品零售价的 5%，那么传统商业这些费用加起来至少要占到零售价的 50%，小米到今天只用了 5%，是因为这个创新使小米能很轻松地做任何的产品，相当于同行一半的价钱，是因为我们用了多种方式和方法，形成了一个最高效的运作模型，我认为这才是小米真正有竞争力的地方。"雷军的这段话给了许多商家很大的启发。

小米是雷军的孩子，需要不惜成本地打造，那么消费者就像上帝，需要用心服务。雷军曾说："小米要追求超高性能和超高性价比，提供能让用户尖叫的产品，这是小米的立身之本，是小米一切商业模式、产品策略、营销方法成立的前提。"

品牌建设的本质是用户思维

一个企业的中心文化一定要是"以用户为中心"的，这样才能做得更好、走得更远。这就是互联网模式下的用户思维。

举例来说，现在的人都开始注重养生健康，吃零食也不再只钟情于膨化食品，而是倾向于更有营养的坚果类零食。提起坚果，马上会有人想到一个品牌——"三只松鼠"。这个家喻户晓的品牌，是中国第一家互联网食品品牌，从 2012 年成立至今，短短几年，就已经成为中国销售规模最大的食品电商企业。

"三只松鼠"是一个淘品牌，于 2012 年 6 月在天猫上线，仅仅六十余天，就创下了中国坚果网络销售第一的神话，在 2012 年的"双十一"，更是打下了日售 766 万的成绩。

"三只松鼠"在这么短的时间里，能创造出如此惊人的奇迹，并不是没有道理可言。首先是其卡通动漫的品牌形象让人眼前为之一亮，其次是其细致入微的服务：附带开箱器、印有品牌卡通形象的包裹、封口夹、垃圾袋、带有品牌理念的微杂志、卡通形象的钥匙链，最后竟然还有湿巾。一个电商的食品品牌，竟然能细致到如此地步，照顾到消费者的方方面面。

还有一个互联网品牌，同"三只松鼠"在运营理念上有着志同道合的相似感，那就是——小米。这家 2010 年 4 月成立的公司，在创业的前三年时间里，发生了翻天覆地的变化。2011 年销售额就达到了 5 亿元；2012 年更是翻了好几番，已经高达 126 亿元；到了 2013 年，仅上半年的销售额就已经突破 2012 年全年的额度。

无论是小米也好，"三只松鼠"也好，他们的背后都有着不一般的品牌建设——用户思维。雷军说过小米成功的最大秘密就是用户的参与感。相对于传统企业来讲，互联网的用户更注重企业的品牌，而品牌建设的本质就是用户思维，也就是让用户有一定的参与感。

雷军很早就注意到这一点，所以小米在早期也十分重视这个问题，用户更加关心小米的产品内容，这促使小米的产品走向极致，做到极致，自然就能得到用户的追捧。小米从诞生以来就坚信只要能突出自己的优势，总会收获属于自己的粉丝群体。"星星之火可以燎原",小米的名气迅速在国内蔓延。雷军也在一夜之间变成众所周知的人物,人们纷纷惊叹于他的成功历程,也有许多人把他作为自己奋斗的目标。

小米的成功,不是一蹴而就的,最关键的原因就在于雷军有效地运用了品牌建设的用户思维。其实在大部分的消费者眼中,品牌都是一个模糊不定的概念,提起品牌,每个人都有一点自己的想法,说到比较有知名度的大品牌,都能说出个所以然来。这给人的一种感觉就是,品牌被人们神话了,神圣不可捉摸,离现实生活太远。

而在现实中,品牌却总是出现一些不可控的因素,资金问题、资源、平台等等,新品牌的建设一定会存在一些不能解决的问题。然而在人们的潜意识里,品牌建设就应该有一个比较贵的零售价,这就导致了大多数企业不愿意走出定高价的思维习惯。雷军的成功,着实给了传统品牌建设的公司一记耳光,原来品牌的高贵头颅是可以低下的。只有消费者能够消费得起你的产品,真正从你这里得到了实惠,品牌才能赢得大众的一致好评。

和君集团的高级合伙人赵大伟曾写过一本畅销书《互联网思维——独孤九剑》,他提出:"互联网思维应该包括九大思维,即用户思维、简约思维、极致思维、迭代思维、流量思维、社会化思维、大数据思维、平台思维和跨界思维。其中用户思维应是其中最重要的,也应是互联网思维的核心。"

随着互联网的飞速发展,信息的传播方式和速度都发生了很大的改变。信息,不再只掌握在一小部分人的手中,而是每一个人都能成为一个信息的发布者和传播者。由此,人就替代信息成了核心。既然人是核心,那么用户思维理当成为互联网思维的核心,其他的部分都是围绕着用户思维这个核心开展的。

简单来说,就是用户需要什么,你就给他提供什么;用户要的少,你也要多给点；用户没考虑到的，你就要替他考虑到，提供全方位的优质服务。

19世纪末20世纪初的意大利经济学家巴莱多发现了"巴莱多定律"，巴莱多认为，在任何一组东西中，最重要的只占其中一小部分，约20%，其余80%尽管是多数，却是次要的，因此又称"二八定律"或"二八法则"。

无论是在工作中还是生活中，"二八法则"都已经成为一个深入人心的概念。在"二八法则"的潜意识指引下，大部分企业都会把绝大多数的注意重心放在少数的大客户身上。这样做不但不能为企业带来更大的收益，反而缩小了利润空间。2004年，美国《连线》杂志的主编克里斯·安德森提出了"长尾经济"这一概念，从长尾经济的理论来看，企业的收益不需要过度依赖那20%的大客户，事实上，其他80%的客户所占领的市场和其所带来的利润空间同样可观。

互联网经济其实也就是一种长尾经济，在做市场定位和目标人群的选择时，一定要慎重选择，切不可捡了芝麻丢了西瓜。

在社会上有一群人，被称为"草根一族"或者"屌丝"，这群人经常在网上驻足，他们就属于互联网上的长尾，虽然这群人的消费能力不高，但是网络强大的聚合力能把他们凝聚了起来，就形成了一个巨大的消费群体。

在中国，这样的人数达到了6亿，收入水平并不高的他们却喜欢混迹在网络世界。他们需要什么？喜欢什么？这些问题是需要得到重视的。在互联网强大的聚合力下，即使是再小众的产品，也能找到一大批拥护者，那么提供这些小众产品服务的企业就能靠着这群人发展起来。小米正是悟到了这一精髓，所以想要把事业做大做好，就要了解你大部分客户的需求和心态，如此方成霸业。

这些客户在互联网的聚合下积聚起来的消费能力是惊人的。要知道，网络的力量是强大的,任何一个消费群体都不容小觑。要想让企业变得更强大,就要先了解客户的心态,在参与感和存在感上多下功夫。

雷军正是明白这个道理,所以小米专注于用户服务,更是在用户思维上做足了功夫,这才是正确打造品牌的方法。永远不要忘记,品牌建设的本质是用户思维。

把用户当兄弟

从 2010 年开始,小米从最初的无人知晓,到如今的家喻户晓,其中发生着巨大的变化。

在小米的第一版 MIUI 发布时,用户仅有 100 人左右,可以说是少得可怜,四年的时间里,小米就完成了华丽的蜕变,用户发展壮大到 6000 万人,这不得不说是个奇迹,小米的品牌建设非常成功。

一个成功的品牌建设带给小米的不仅仅只有庞大的客户群体,更是把小米推上了手机市场巨头的位置。

用户对一个企业来说十分重要,那么用户和企业之间,到底应该维持着怎样的关系才最理想?用户是一个巨大的群体,他们的数量庞大,其思想也千差万别。那么怎样让他们认可你的产品,怎么构建企业与用户之间的信任,就成了最大的问题。

这其中牵扯的就是人与人之间的信任问题,企业在用户心中树立的信任度越高,品牌的传播效应也就越好。其实做企业和做人是一样的,以诚相待就会换来用户的信赖和支持。雷军曾自曝小米成功的三大绝招,其中一点就是:"小米很愿意倾听用户的意见,和用户做朋友,把用户全部拉进来,一起把产品做好。"小米和用户联系的指导思想就是——把用户当兄弟姐妹!你把用户当成家人,用户才会把你当家人,只有这样,用户才会诚心诚意地传扬和保护你的品牌。

其实这个诀窍不算是什么神奇的法则，业内也有做得很不错的榜样。小米就是向海底捞学习，和用户做朋友，和用户互动。

海底捞是起源于四川的民营企业，1994年成立，是一家以经营川味火锅为主、融汇各地火锅特色为一体的大型跨省直营餐饮品牌火锅店。从最初的几张桌子、几个人的小店面，到后来的全国各地连锁，甚至开到了国外，每个门店的生意都很火爆，想要吃上一次火锅，有时候得要排上几个小时的队，就连北京最热的三伏天，它都没有被冷落过，海底捞可以说是火锅界的奇迹。

在国内，比海底捞大的火锅店有很多，但是能做到像海底捞这么火爆的还真是屈指可数。海底捞的董事长张勇在他的书中做出了解答："如果客人觉得吃得开心，就会夸你的味道好；如果觉得你冷淡，就会说难吃；服务会影响消费者的味觉！什么是最好的服务？就是让客人满意。什么是更好的服务？就是让消费者感动。"

要想让消费者发自内心地感动，就要给他们提供超出预想的优质服务，让消费者能够享受到他们在其他饭店享受不到的服务。做管理的人都知道，要让消费者满意，并非一件易事，毕竟管理层的人很难接触到客户，服务是来自于自家的员工。想要让员工都能用心工作，是所有的老板都想要征服的珠穆朗玛峰，真正能做到的却是寥寥无几。

那么张勇是怎么做到的？他的答案很简单："人心都是肉长的，你对人家好，人家也就对你好；只要想办法让员工把公司当成家，员工就会把心放在消费者身上。"

海底捞的服务究竟做到多极致，这里有一个实例可供参考。有一次，一个客户到海底捞吃火锅，用餐结束后，发现餐后水果西瓜没有吃完，他就询问服务员，这个西瓜没吃完能否打包带走？结果服务员的回答是不行，这点倒是让人感到有点诧异，但是这位客户也并没有多说什么，只是说："不行就不带走了。"于是就去结账，没想到结账的时候，服务员给他打包了一整个西瓜，并告诉他，切开的西瓜不卫生，如果想打包的话就送给他一整个西瓜。

从这个事例就可以看出海底捞服务与众不同之处，它提供给客户的往往是超预期的服务。海底捞胜在服务，胜在极致。

张勇是一个具有高度警惕性和敏锐嗅觉的人，他深深明白消费者的评价对于海底捞的重要性。很多企业都是在有所成就之后，便很快堕落了，最终在茫茫商海丧失自己的地位。这和其自身的定位认知有很大的关系，如果对自己的定位不清楚或是不理解，用不了多久企业就会出现问题。

张勇经常对自己说的一句话就是："生于忧患，死于安乐。"在市场经济的浪潮之中，不进则退，没有第二种选择，如果对自己的企业或是产品没有一个十分清楚的定位，只是盲目地跟着大潮走，迟早有一天会被优秀的后来者拍死在沙滩上。

海底捞的特点就是，员工是在用心服务。因为他们知道，客户对企业或是产品的评价是非常重要的，也就是说对于一个企业来说口碑是绝对不能忽视的发展因素。好的口碑，能够带动企业的销售和盈利。

雷军曾经在中国 IT 领袖峰会上演讲："口碑是什么？很多人觉得好产品有口碑，也有人觉得便宜产品有口碑，我想跟大家说不是这样，这个世界好产品很多、便宜产品很多，又好又便宜的产品也很多，口碑的传播是超预期的服务品质。"

举一个简单的例子来说，如果你有一部苹果手机，你在一个咖啡厅用它来打开一个浏览器，在那么小的屏幕上输入账号和密码，这其实是一件很痛苦的事情，因为做起来很费劲，一点也不方便。

对于这一点，雷军还说道："当你跟服务员要密码的时候，第一次要的不对，还要第二次的时候，你掏出小米手机，它自动问你是否需要连接该无线，你点是，自然就连上去了。我相信大家都有体验，尤其在酒店的时候很痛苦。小米就是靠这么一个一个细节打动你。"

这是小米在系统上的一个人性化的改进，是小米发布的一个小应用，即两万多个咖啡厅、餐厅、机场火车站等等，免费安全的 WiFi，小米可以做到一键连接。这是因为小米和免费 WiFi 的服务商经过合作，小米手机不需要输入账号和密码，只需要回答是否同意连接，这样不仅安全可靠，还极大地提高了用户体验的舒适度。

关于口碑和客户服务，海底捞做得非常出色，小米也是如此。小米一直以来都是鼓励用户参与的，雷军认为认同感和情感是完全不同的，小米鼓励用户一起参与到整个手机的设计中来。这样做的原因就是，小米把用户当朋友、当兄弟。消费者在这一点上，雷军说得很好，他说："虽然小米不完美，是一个非常非常年轻的公司，但是小米秉承互联网精神，把用户当朋友，我相信会一步一步做得更大。小米所有的服务中心像苹果店一样漂亮。维修店可能让大家眼前一亮。你进去修复手机，从进门开始，我们要求 60 分钟一定搞好。搞不好，每小时赔你 20 元。在这样一步一步改善情况下，我觉得整个互联网公司把用户体验、用户口碑一步一步推到极致，这才是互联网给传统产业带来的最重要的思想。"

你若想要什么样的回报，就要有什么样的付出。你想要用户把你当自己人，想要用户对你的服务满意或是认可，就要有相同的想法，把用户当作自己人，和用户做朋友，把他们当兄弟！

重视用户的参与感

参与感在小米的成长道路上起到了非常重要的作用。

比如为小米立下汗马功劳的 MIUI 系统。当时国内国际 Android 系统应用混乱，体验差，小米瞅准痛点，以 MIUI 为切入点，聚集第一批玩机刷机用户，成为 MIUI 的体验官。MIUI 的每个功能设计都通过论坛来进行讨论，然后投票决定是不是需要，随后才进行开发、发布、测试，然后接受反馈、改进，对 MIUI 进行精雕细琢。这个机制不仅让产品更加完善，同时也增强了这批用户的参与感。比如有的用户在使用 MIUI 开发版的过程中，发现了某一个小问题，对其进行了反馈，结果，在下一个周期推送的版本中，用户发现这一问题竟然真的解决了。这首先增强了用户的使用体验，其次是用户由此得出"他们真的在意我的意见""我说的真的有用"的结论，满足了用户自我实现的潜意识，这样用户成为小米的铁杆粉丝也就顺理成章了。

再比如营销手段。小米引以为豪的营销手段就是口碑营销，但是小米是用什么方法让自己的产品在社会化媒体上快速引爆，然后形成口碑的？仍然是参与感。

这是因为，要想让你的产品在潜在用户群中形成口碑，那么你的产品一定要符合用户的期待，甚至超出他的预期（小米一直强调的"超预期"），那么就需要你以用户思维来做产品，让用户一拿到你的产品，就不由自主地感叹："这就是我想要的！""我怎么没想到，还能这样！"或者说，就是让用户有代入感、参与感。

另一个原因就是在以前物资匮乏的年代，人们的需求是刚性的，或者说消费是为了满足功能性需求：比如买自行车，是因为出行的需要不得不买。而随着社会的发展，消费者选择商品的决策心理也发生了很大变化。买东西不再是因为刚需，而是感受和体验。同样是买自行车，出行功能已经不再是首要考虑的问题，而是"这辆车子比较美观轻便""用来锻炼身体比较好"等等，或者说，现在已经进入了体验式消费时代：食物好吃不好吃？您先尝尝；衣服好看不好看？您穿上试试；手机用起来爽不爽？您到我们的店里来试试。

小米就是把握了这种趋势，并将其用在了产品及运营上。将之前仅仅作为消费者的用户，变成了"生产者"，创造出了自己的"10万人互联网团队开发模型"，提炼出自己的产品开发模式，即用户模式。通过这种模式让用户参与，满足年轻人"在场""介入"的心理需求，抒发"影响世界"的热情。这一模式，已经被很多案例所证明。参与感是新营销的灵魂！

小米维持着一个用户参与度很高的论坛：目前注册用户已经将近1000万，每天有100万用户在里面讨论。100万日活用户这个数字对很多垂直网站而言已经是非常惊人的数字了。论坛的日发帖量有20多万。这里需要注意的是小米论坛不是媒体，是自有品牌的产品论坛。除了论坛还有微博，小米手机的微博账号已经有200多万粉丝的规模；还有微信，小米官方的微信账号订阅数是256万，每天在微信上的用户互动信息有3万多条；还有QQ空间，小米的QQ空间认证账号的粉丝数超过了1000万，小米在QQ空间做活动时，往往很容易就有几万转发。

做这些有什么用？通过这些交流渠道，小米的发烧友不断对小米的产品提出各种意见甚至批评，这对发现用户的真实需求至关重要。这些发烧友就是小米的义务检测员、义务建议员、义务宣传员。再比如雷军事情很多，但是也会挂在米聊上和用户互动。小米的几大创始人，也都很注重和用户之间的互动。其好处是小米的高层直接面对用户，了解用户需求，用户也觉得更有亲近感。

这一切，都是为了保持跟用户的互动。可以说，小米在营销上的成功，就是来自和用户的有效互动。有来有往才是互动，否则就成了某一方的独角戏。互动是为了什么？互动是手段不是目的，借助互动、话题等设计，小米让用户找到了属于他们自己的参与感，这才是小米的目的。通过用户参与，提升用户对品牌的认知度，增强其品牌忠诚度。

而这一切，都是有现实的理论基础的。

首先，在这个信息获取极度方便快捷的时代，大部分人只要有一定的学习能力，业余者同样可以给出有价值的建议。

其次，现在的绝大多数产品，本身就是为了满足消费者需求而设计的。用户的参与强化了产品的针对性，不会做出生产者自认为非常优秀但是消费者却不买账的产品，因为在设计过程中就已经有用户参与进来了。小米的产品，就特别注重场景化的设计，注重所有的设计从开始就考虑用户的参与感。

再次，在产品、服务更关注用户需求的今天，很多产品的诞生过程本身就是个人需求的实现过程，例如Facebook、Google。

另外，从心理学上来讲，炫耀需求与存在感，是人自我认知、自我表达的最基本需求之一，也是后工业时代和数字时代交融期，在互联网上最显性的群体意识特征。比如小孩子做了一件自认为了不起的事，就非常渴望大人的称赞；或者大人在做什么事情，他也想去搭把手，这都是炫耀需求和存在感的例子。作为一名用户，把自己使用产品的独特之处与别人分享，或者小米官方对自己的行为做出正面回应，都满足了用户的这种心理需求。

因此说，重视并且让用户找到属于他们自己的参与感，也是小米能够成功的重要一环。就如小米副总裁、MIUI负责人黎万强所说：当参与感融入灵魂，一切纷至沓来。

第三章

一切唯"人"造，万事由人谋

对于一家企业而言，商业模式和运营手段很重要，往往"人"这个最不可被忽视的因素却最容易被忽视。如果一个企业没有优质的人才也没有优秀的领导人，那么制度再好、模式再超前，也没有成功的可能。因为人才是支撑一家企业正常运行的基本因素，管理好员工、培养员工的自主责任心也是一门值得企业家们学习一生的功课。小米是一家十分重视人才的公司，人才对小米成功的推动必不可少。解决了员工的后顾之忧，员工才会尽自己最大的努力为公司效力。

提供可选择性报酬吸引人才

公司的发展需要人才，更需要优秀的人才。但是说归说，做起来并不那么简单，很多公司都会在寻找人才的问题上遇到一些困难。对于这一点，小米就做得很好，小米之所以在短时间里发展如此迅速，最重要的一点就是因为他汇集了大量的优秀人才。

小米是一家创业公司，如何吸引大批的优秀人才，关于这个问题，雷军给出了解答——为员工提供可选择的报酬。

大家都知道，小米的研发团队都是牛人，基本上都是各个领域的精英，有的来自微软，有的来自Google，有的来自金山。他们的平均年龄是32岁，32岁意味着什么？意味着这些人本科毕业差不多有十年时间了，研究生毕业也该有7年了，这些人工作经验丰富，且在各个公司都算得上是顶梁柱。小米为什么能成功地这么快，主要是用人都是用有经验的人。

对此，雷军说了自己的看法，他认为32岁左右的男人基本上都有了家室，要养育孩子，如果没有给他们相应的实惠政策是肯定不行的，除了给他们理想、事业和空间以外，实惠是一定要有的。如果在这样的情况下没有一个与之相称的报酬的话确实是很为难人的。雷军说他组建小米的时候就想到了这点，他想了一个办法，就是提供一个可选择的报酬模式，在邀请人加入的时候，就给出他们三个选择条件。

对于这三个条件，雷军说："你可以选择和跨国公司一样的报酬，你拿多少股票，你可以选择2/3的报酬拿多少股票，你可以选择1/3拿多少股票，你自己选，10%的人选择了不要工资，或者1/3的工资，还有80%选择了2/3工资，这样大家更容易接受，如果你非常缺钱又想试一下创业机会，你可以选择跟跨国公司一样的报酬，实际只有10%的人选择，就是 2/3 的报酬的话，平均报酬也是不低的数字。"

这样的条件就给了人才很大的实惠和可选择性，其实这样的条件对小米来说也是很值得的，因为在互联网公司，一个优秀的人才可以比肩 50 个平庸的人。从这个角度来看，小米用这样的薪酬模式换来优秀的人才还是非常划算的。

对于一家企业而言，大体的发展战略想清楚之后，最重要的事情就是着手找人了。如果没有可以实行的人，那么这些方向战略以及计划书就都成了空谈。雷军曾说过要在对的时间做对的事，那么在小米战略方向确定以后，正确的事情就是找人，而且是找优秀的人。找人和战略规划是朵双生花，也就是相当于硬币的两个面，相互影响又相互制约，所以应当放在同等重要的位置。

在人才的招揽上，雷军确实有好招在手，这个可选择性的报酬就是一个很好的例子。因为找人的确不是一件容易事，要找自驱动的人，不要找你推着走才能前进的人，这样就太累了。有一句话说得好："最好的管理就是不用管理。"最好的管理状态就是无为而治的状态，自驱动的人也许会比你还要努力让这件事成功。创业公司刚刚起步时最好是要找自驱动的人，不要找那些需要被管理、被人推着走才能前进的人。人数不需要太多，可能是十几或几十个就足够了，如果能找来的人个个都是优秀的特种兵，那么就不需要太多人，因为他们都是精英，不需要公司再花时间和精力培养。

这样的人才很难得，所以你就要有足够强大的领导力和 Vision。领导力很好理解，就是气场问题。一个人不管有多优秀，都要尽可能地在身边找到最优秀的人，自己很优秀，又能把身边优秀的人聚合在一起，这就是领导力。那么 Vision 就要好好解释一番了，Vision 在英文中有视觉、幻想、想象的意思，通俗点讲，就是满足他们对未来的期许。一个好的 Vision 一定要拥有打动人心的魔力。

如果你找来的优秀人才，他自己本来就拥有十分强大的野心，这样的人是不甘于平庸的，那么这个时候你如果没有一个足够强大的 Vision，不能成功地说服他，那么人家凭什么加入你？一定要让他被你的 Vision 所感化，然后自愿加入，才能达到更好的效果，毕竟强扭的瓜不甜。

很多人可能觉得用 Vision 打动别人很难，但有可能是你给出的 Vision 不对。要知道人站在不同的角度不同的方向看问题的视角都是不同的，你站在世界最高峰和平原看世界的视野是大不相同的。

所以说，永远不要找借口说什么自己身边的人脉不够，你需要的是用一个合适的 Vision 去打动那些优秀的人才。

花费一半以上的时间来招募人才

2010年4月，小米科技正式出道，雷军带领着他身后的小米班子披荆斩棘，突破重重包围圈，在移动互联网界杀出了一条光明大道。小米的成功不仅仅是商业模式的成功、营销战略的成功，更是人才之战的成功。小米的成功离不开其背后的团队。

小米的人才战略就是：一切唯"人"造，万事由人谋，雷军在为小米招募人才的事情上非常用心。有些企业不愿意把时间、精力甚至是金钱投资在人才身上，找人随随便便了事，美其名曰简单就好。

但其实，花时间在招募人才的事上，并不是企业做了亏本买卖。多花点时间招揽优秀人才为公司服务，是一件极其有价值的长线投资。就算花费八成的时间找人也不为过，因为对于一家企业而言，团队才是其未来发展的核心价值。

就举蒙牛集团的例子来说，当年，蒙牛花大代价挖来人力资源的专家张文时，几乎所有的高层都发出了反对的声音，他们大概认为这样做很没有意义，是一笔没有必要的开支。可是牛根生却说："专业的事情还是要由专业的人去做。"牛根生的坚持，让张文顺利加入蒙牛集团。不过张文也确实没有让牛根生失望，后来他为蒙牛建设了一支高素质、高绩效、高水准的团队，为蒙牛集团做出了巨大的贡献。

牛根生是个明白人，他知道蒙牛需要的是什么，自己应该从什么地方使劲，另外一个明白人就是雷军了。小米花了三年的时间就让销售额突破了百亿，2012 年，小米手机的销量达到了七百多万台，盈利达到一百二十多亿，纳税额更是达到了十九亿元。小米的迅速崛起引起了国民的关注，小米模式也引发了极大的热潮。小米为什么会成功呢？这也是人们在不断思考的一个问题，能够如此速度地让公司发展壮大，其实小米发展迅速的助力因素有很多，但究其根本，最核心的因素就是小米背后的团队了。

如果让你做选择，你是愿意和聪明的人一起办事呢，还是愿意和愚笨的人一起办事？我想大家都更愿意选择前者吧！毫无疑问，和一个聪明人一起办事，能省却不少麻烦事，还能提高办事效率。但是如果一个同事不够优秀，造成的后果可能就是不仅不能帮到整个团队，反而会拖整个公司的后腿。虽说"熟能生巧"这个道理还是讲得通的，但是对于一个创业型的、还是处于初创期的公司而言，实在是耗不起时间和精力去从头培养人才，所以说，人才的选择就显得十分重要。

人才战略是企业的战略之本，某企业管理大师曾经说过，在制定企业战略时，必须要考虑到，什么样的人才战略是最适合公司发展的？

现如今，经济发展得越来越迅速，也有越来越多的企业意识到，在现在这样一个优胜劣汰、适者生存的大环境下，人才是企业保证竞争优势的重要因素。怎样吸引人才并留住人才成为了众多企业所要解决的一大难题。

渐渐地，企业家们发现完备优厚的薪酬福利制度能够很好地吸引人才。这是因为优秀人才大多在选择企业上比较谨慎，通常会在同类的几个企业中作对比和选择，而最容易作为衡量标准的就是薪酬福利了。虽说其他因素也很重要，比如工作环境、人文环境、企业文化等等，但这些因素显然没有薪酬福利更直观，都是要真切地融入工作中后才能体验到的，所以薪酬福利这一客观因素自然而然被人们放在了第一位。

薪酬福利在企业打造中起着非常重要的作用，能够促进企业打造一个高效优异的团队。讲了这么多，那什么是薪酬福利呢？薪酬的官方解释是：员工因向所在的组织提供劳务而获得的各种形式的酬劳。狭义的薪酬指货币和可以转化为货币的报酬；广义的薪酬除了包括狭义的薪酬以外，还包括获得的各种非货币形式的满足。

薪酬和福利一般是相辅相成的，薪酬体现的是员工的短期经济利益，而福利是保障员工的长远利益。企业可以通过合理有效的薪酬福利战略，将员工的短期利益和长远利益相结合，让员工能够主动把自身的发展目标拓展为企业的发展目标，把企业和员工结合为利益共同体，这样做能够使企业和员工共同发展、共同进步。

但是现在大多数企业所处于的状态就是薪酬福利形式单调，企业没能充分考虑到员工的切身需要。制定的薪酬福利，大多是由企业占据绝对的主导权，员工一般没有参与权。这种模式虽不能全盘否定，站在企业的角度，这种模式是符合企业利益的，但是站在员工的立场去想就不是这样了。不同收入阶层、不同文化程度的员工对薪酬福利的需求也大相径庭。

马斯洛提出的"需要层次理论"，指出在员工发展的不同阶段，需求也会随之做出变化，低层次的需求被满足后，就会追求更高层次的需求，企业只有根据不同的员工设立不同的激励机制，才能够满足员工的需求。

雷军深谙此理，所以他当初组建团队时找的就是超强的组合，来到小米的人，都是真正想要做成一件事的人，这样的人才会对工作有绝对的热情和干劲。一个员工如果聪明、技术好、有热情、有战斗力，那么这样的人做出来的产品一定会是一流的。

雷军说过："如果你找不到人才，只能说明你投入的精力不够多。我每天都要花费一半以上的时间用来招募人才，前一百名员工每名员工入职都会亲自见面沟通。"在当时，想要招募到优秀的硬件工程师是非常困难的。有一次，一个非常有经验而且技术过硬的工程师被小米请来面试，但是这个工程师并没有什么创业的决心，而且他对小米的发展前景也有所顾虑，本来这样的人大概不会再留下来了，但是小米的合伙人没有放弃。几个合伙人开始轮番和这个工程师交流沟通，用了整整十二个小时，最终打动了他。最后这个工程师说了一句很让人忍俊不禁的话："好吧，我已经体力不支了，还是答应你们好了！"

一个靠谱的工程师顶 100 人

在人才招聘上，雷军下了一番狠功夫，绝对没有凑合了事。首先在时间上就付出了很多。其次在选择的人才质量上也丝毫不含糊。

小米在招聘员工的问题上，一向秉持一个原则：用最好的人。其实选员工和选消费者有着异曲同工之妙，要做的第一件事情就是选择正确的员工。就像小米刚刚起步的时候，谁知道这是个什么公司，在一个从未涉足过的行业里重新起步，一般人都会想：这是肯定没有选择员工的资本的，有人跟你干就不错了！但恰恰相反，雷军一开始就没想在找人的问题上凑合，他找来的人个个都能独当一面，人人都是行业的领军级人物。敢想、敢做、敢找，这就是雷军的魄力。

有一句话说："大学生找好工作难，企业招好员工更难！"这句话倒是说得有几分在理。黎万强常常挂在嘴边的一句话是："你要找最好的人，一个好的工程师不是顶 10 个，而是顶 100 个。"研发产品本身是一件极具创造性的事业，如果做这件事情的人不够放松，不够专业，或是不够聪明，都是很难做好这件事的。

很多企业的想法都会是找一些差不多的员工，在公司慢慢培养，毕竟高质量的人才要投入的成本也挺高的。这就导致了很多企业在招人时，第一反应就是找低成本的潜力股，这不是没有好处，是金子总会发光的。有句话说得好："路遥知马力，日久见人心。"可饶是如此，那路也是远的，日子也是久的。培养人才是一件很不容易的事，培养的好了，那就再好不过的，没培养好，那就成了功亏一篑了。

雷军在一开始就没想着要凑合，所以，在找人的问题上，他还是费了一番功夫的，几乎每一个人都是精挑细选亲自请来的。他觉得要找就要找最好的，这种事绝对不能含糊，在这个问题上，黎万强倒是跟雷军达成了某种共识。在找核心工程师上面，一定要不惜一切代价找到。花时间花精力去从头培养人才，对于刚刚起步的创业公司来说是有点难度的，想要快速发展，就要在起步的时候比别人高一头，这个高一头的筹码就是高质量的优秀人才。

最好的人身上有一种很强的驱动力，只要你给他一个机会，把他放在他自己喜欢的工作上去，他就能够自己启动。他会自动切换成一个玩的心态，这里说的"玩"并不是草率对待的意思，而是说他有一个自发性的兴趣在里面，就像玩一样全心地投入进去。这样他才能真正做出一些事情。

因为一个好的工程师能够给企业带来很大的安全感，不论他怎么做，都会给人一种他一定能办到的感觉。正是因为这样，小米的很多工程师都是在边玩边创新。工程师的创新能力非常重要，如果他能在轻松愉悦的心情下进行创新，那么最后的结果将是事半功倍。

乔布斯曾经说过一句话，很震撼人心，他说："我过去常常认为一个出色的人才能顶两个平庸的员工，现在我认为能顶50个。"乔布斯发现苹果很需要创新人才，所以他对人才招聘十分重视，据说他一生中大概参与过五千多人的招聘，他一直都把组建一个由一流的工程师、设计师和管理人员所搭建的 A 级小组作为自己最核心的工作。

乔布斯把他四分之一的时间都用来招募人才，这一点和中国的雷军倒是很相似，雷军几乎花费了 80% 的时间用来找人。乔布斯和雷军的成功经历告诉我们，这样的做法是可行的，招募优秀人才这件事必须重视起来，不仅是大公司，小公司也绝不能含糊。

小米成立后四年，市场估值就达到了 100 亿美元，发展速度远远超出了雷军最初的预想，小米成了业界有名的创业黑马公司。达到这样成效的因素有很多，但绝对跟小米里这些靠谱的人脱不开关系。靠谱的员工能促使企业更快的成长和崛起，雷军做到了，小米能有今天的成就，得益于他的人才策略。

团队第一，产品第二

小米从最初不知名的创业公司，逐渐发展成为国内数一数二的研发智能产品的移动互联网公司，几年的磨炼，让小米手机一度风靡全国。如今的小米公司已经不再局限于智能手机，开始涉足更多的领域，包括液晶电视、平板电脑、空气净化器、智能手环等等。雷军成就了小米帝国，得益于他人才战略实施得好，得益于小米背后的团队力量足够强大，说白了，小米成功的制胜法宝就是"人才"。

创业成功最重要的因素是什么？看到这个问题，很多人都会脱口而出："当然是产品！"在人们的潜意识里，大概产品才是第一位的，但是不知道有没有人想过，如果没有一个优秀的有创造力的团队，怎么能做出好的产品？做出来怎么能推销出去？其实最重要的还是团队，其次才是产品，因为有好的团队才有可能做出好的产品来。

创业就像是去当一个"高龄产妇",这是个高危险性的选择,很多创业公司都经历过"难产"的历程。就算是不少今天在大家看来很成功的企业,当初也都经历过九死一生的"难产"经历。别看现在的阿里巴巴做得风生水起,在创业的路上,不知经历了多少次的失败。1995年的时候,马云第一次接触到互联网就是做中国黄页,结果被称为骗子,最后以失败告终;两年后马云开始在网络上做中国商品交易市场,这次创业算是阿里巴巴早期的一个雏形了,但还是无功而返。

今天我们看到的阿里巴巴俨然已经打造出了属于自己的商业帝国,无论是淘宝、天猫还是支付宝,阿里巴巴都做得风生水起,其实背后的大功臣就是阿里巴巴的团队,尤其是马云和他的18个联合创始人。

阿里巴巴是这样,小米又何尝不是如此呢?雷军一直以来就把小米的团队放在一个很重要的位置,雷军当初组建团队时,是铆足了十二分的劲,一直秉持的就是团队第一、产品第二的态度,他坚信自己组建起来的团队一定是最优秀的,也一定能做出最好的产品。

作为一个创业公司的创始人,最重要的事情就是要把整个团队班子搭建好,小米现在团队力量已经足够强大,雷军和初创人员功不可没。当时小米急需各领域的杰出人才,但是优秀的人才大都是大公司的翘楚,一般人都不会选择放弃自己在大公司打拼许久的地位,而去一个不知名的小公司。即使是这样,小米也要尽最大努力去组建最优秀的团队班子,这件很难的事情,很快就被雷军等人义无反顾地提上了日程。

在找人这件事上,雷军和小米的初创人员轮番亲自上阵和面试者交谈,有时候甚至一谈就是十几个小时。小米很缺硬件方面的人才,小米手机的硬件结构工程师第一次来面试时就是在雷军的办公室里,两人从下午一点钟开始,一直聊到了晚上11点多。这位工程师表示,当时聊到下午五点左右的时候因为憋不住想上厕所出来了一趟,回去以后,就听到雷军说他已经把饭订好了,吃完饭接着聊。当时这个工程师的心情是崩溃的吧，这么高强度的面试聊天他大概还是第一次遇到，最后聊天结束的时候终于敲定，他决定加入小米。后来提起这件事，这个工程师说："那么快答应下来，倒不是因为当时太激动了，而是因为体力不支了。"这句半开玩笑的话让人忍俊不禁，不过这也恰恰说明了雷军在组建团队这件事情上有多拼。

小米现在的合伙人团队各个都能独当一面，在公司里也是各管一个领域，如果没有什么要紧的事情，基本上都不会知道对方在做什么，也不会插手管对方的事情，这样的模式保证了小米决策的效率。但这样的做法确实极少有公司实行，这跟团队班子有分不开的关系，如果这些人没有足够的能力和才华，雷军是不会放心给他们权力的，既然这样做了，就说明雷军给他们足够的信任，他们做事他放心。

黎万强在他的《参与感》一书中写下"团队第一，产品第二"这八个字，小米曾经把海底捞当作学习的榜样。而海底捞有一个很出名的原则就是：把员工当人！这句话一出口，就会有很多人觉得奇怪了，员工本来就是人，为什么还说把员工当人？

虽说员工本来就是人，但是很多企业并没有把员工真正当作一个人去看待，更多的是把员工当作一个劳动的工具，并没有太多考虑到员工的感受。仔细想一想，这样模式下生长起来的员工有几个能够全心全意为公司服务呢？只有对员工尊重，才能换来员工对企业的尊重。这一点，海底捞就做得很好。

在海底捞，人永远比制度更重要，制度是人制定出来的，只能是用来为人服务的，切不可使之凌驾于人之上。海底捞对员工好，但并不代表它没有自己的制度规范，它有属于自己的一系列制度，如工资制度、员工培训制度、晋升制度等等，管理制度很详细，这样的制度每个企业都会有，而且也不乏详细准确。但问题的关键是，其他的制度在打盹儿的时候，海底捞的制度却在精神百倍地运作。

这些制度不是挂在墙上随人观赏的摆设，而是切实可行的办法，这些制度看似是在约束着人，但实际上海底捞的员工更多的是在用真心在执行这些管理制度。在上班时间，海底捞的员工几乎都不会停下来休息或者偷懒，在客流高峰期，连安检员都会帮忙上菜，传菜员出去一圈绝不会空手而归，总是会顺手把空盘子收回来，快要关门没有什么客人的时候，传菜员、服务员，甚至连保安都会一同到洗碗间帮忙洗碗，这样就大大提高了工作效率。

海底捞对所有的管理人员有一个要求：每天都要感动员工。他们的理念就是，一天感动10名消费者，还不如感动5名员工。海底捞对员工的悉心照料，大都体现在一些细节上，比如为忠诚员工修建养老公寓，给大堂经理、店长以上干部、优秀员工的父母寄钱等等，这小细节往往是最能感动人的，能让员工在海底捞感受到有家的感觉。

海底捞是传统行业里能把"团队第一，产品第二"这个理念执行到极致的企业，怪不得海底捞会成为商业大佬热衷学习的对象。雷军也是这个"学习大军"中的一员，他不仅多次提出要学习海底捞精神，还让公司的高管去亲身体验并且学习海底捞的服务。雷军很大的一个特点就是，他愿意去汲取别人的优点，他曾经认真地钻研琢磨过马云的团队和阿里巴巴的创业史，阿里的经验对雷军的影响很深，深知团队对于小米的重要性。

科学发展观的第一要义是以人为本，做企业也是这样，人才是根本。有了强大的团队支撑，才能做出更好的产品。

将员工变成合伙人

真格基金的创始人徐小平曾在演讲中强调了合伙人的重要性，他认为，合伙人的重要性甚至比你是否处于风口之上更为重要。

合伙人到底有多重要，我们可以看看雷军是怎么做的。在小米的创业初期，可以说是一穷二白，雷军除了手里有钱也几乎是两眼一抹黑，没有人也没有技术。可以说是摸索着前行的，但那个时候的雷军想的不是怎样研发产品或是怎样做前期宣传，而是把寻找合伙人作为首要的事情，努力地寻找小米的创业团队。因为雷军很清楚，不管是刚刚起步的当下，还是颇有发展前景的将来，都离不开团队的支持，无论什么时候最重要的还是团队，能有一个强大的团队合伙人，接下来的事情便会好办多了。

合伙人关乎企业的发展，合伙人和员工有很大的区别，员工大概只能算作是打工者，而合伙人就不一样了，他的切身利益是和企业挂钩的，意味着他对企业有了责任。既然合伙人制度对企业的发展是有利的，然后有人提出了把员工变成合伙人的理念，这个理念是把员工从雇员变为合伙人，员工一旦从雇员的身份转换成了合伙人，就会经历从给老板打工的身份，转化为给自己打工的身份，虽说这两个身份听起来都是打工，但是打工对象变了，心态也会发生变化。相信每个人都是更愿意为自己打工而不是为别人打工。以这样的心态投入工作，一定是会事半功倍。

小米的合伙人制度就是首先让员工成为粉丝，怎样成为粉丝呢？就是让员工自己先爱上自家公司生产的产品，这不是一个强迫的模式，是要让员工自发性地爱上自家产品。其实这还是一件挺难的事，在很多人的潜意识里，一般都不会用自己公司的产品，比如做面膜的不会用自己卖的面膜，在火锅店做服务员的就不会在店里吃火锅。为什么呢？自家的东西就那么让人避之不及吗？大概是因为太了解，不仅是了解其中的优势，更是把其缺点了解得清清楚楚，这就成了"兔子不吃窝边草"的业内现象。而小米就是要避免这种现象，要让员工成为粉丝，甚至是让粉丝成为员工。只有员工真正喜欢自家的产品，才会对它付出更多的努力和责任心，这也算是"粉丝效应"的体现。

让员工成为粉丝后,小米还有一大招,就是去除小米内部的KPI(关键绩效指标,企业经营管理的绩效考核),事实上,小米确实是没有KPI的,但是没有KPI不代表着小米没有目标和发展计划。

在变化飞速的商业环境下,固守老的管理模式是不行的,越来越多的员工激励形式正在盛行。传统的胡萝卜加大棒的奖惩制度正在被逐渐淘汰,而被员工持股等更多的激励制度所替代。

小米不在内部设KPI机制,是因为相比较结果,小米更注重的是过程。只要员工把过程做好,结果几乎是注定的。即使没有KPI,但是小米创立的前四年,员工一天自发工作接近12个小时,这是小米的激励机制产生的效果。

除了小米,在阿里巴巴也曾流行过这样一句话:"阿里巴巴上市以后,杭州城就又多了上千位百万、千万级别的富翁!"这句话是否有夸大的成分无人知晓,但这句话恰恰说明了一个事实,就是阿里巴巴实行的是员工持股的模式,员工成了公司的股东之一,自此个人利益和公司的利益绑在了一起,所以人人都会竭尽全力工作。把员工变成合伙人的机制迅速流行起来,聪明的企业会立刻跟上潮流不让自己掉队。

"我要找到更多新的合伙人,把公司很多业务拆分给他们管,未来可以独立上市,这些合伙人也可以拿到股权。当我把一条臃肿的大船变成很多条快船,小则十几人多则一两百人,这个时候,围绕一个产品,每个合伙人才能感受到自己的责任。"这段话出自奇虎360的董事长周鸿祎之口。

周鸿祎在合伙人机制上颇有自己的见解,他发现企业慢慢开始走向成熟之后,就会出现一个现象,员工开始满足于现状,不再有最初的冲劲,开始停滞不前,从而失去了创业精神。这个问题是大多数企业的员工普遍存在的状态,原因很多,不能全都归咎于员工,是企业没有拿出一套合理的激励机制,及时为员工打气,人都是有惰性的,激情过后就是懒散和提不起劲。

公司小的时候，不管职位级别的高低，大家都朝气蓬勃精神头十足，员工都很有责任心，对事情认真负责，因为这个时候的公司其实是大家在管着。但是公司大起来以后情况就不一样了，为了方便管理，公司的各种管理分配制度就出来了，而这样做实际上是把工作流程变得复杂起来，每个人只负责自己该负责的，不再对公司的全局上心。渐渐地，就失去了原本的责任心和干劲，当一个企业里的员工都缺乏担当的时候，整个企业就会变成一棵毫无生机的枯木。

合伙人计划实行以后，员工的整体状态都会变得不一样，就连带着企业的人文氛围也变得舒畅起来。这取决于员工的心态问题，同样是做一件事，以打工者的心态做和以创业者的心态做，效果绝对是完全不一样。

王阳明心学体系中的"天理即人欲"，大概是说每个人心中都有自己想要的东西，雷军对这句话感触颇深，其实就是满足人心中所想。雷军是舍得的，他创办小米的时候其实是起跑线比较高的，他在企业已经摸爬滚打二十年了，早就已经功成名就，手里又不缺钱花。创办小米虽然很艰难，但是雷军的心态是很平和的，因为他这次的创业就纯属是为了创业，是在他梦想的驱使下进行的，不为名不为利，只是想做一件人生当中足够伟大的事情。

在创办小米前，雷军是天使投资人，在看人方面还是很有一手，他也很清楚人心所想。所以在小米，他给足了合伙人和核心员工的利益，给他们权力和尊重。很多公司对员工说有期权什么的，但都是快要上市的时候才告诉你期权是多少。但是雷军不这样做，合伙人和核心员工刚进小米，雷军就把这件事摆在明面上，说得清清楚楚。这样做把小米的内部力量紧紧地团结在一起。

当把员工的利益和公司的利益连接在一起时，很多事情就会好办，不再需要有人在背后推着他们前行,大家都自发性地推着小米前进。

人人都是产品经理

　　产品经理是企业里专门管理产品的职位,是产品的灵魂人物。通俗地说,产品经理就是市场和技术的交接点,是一个有着非常丰富的内涵职务。

　　有一句大家耳熟能详的俗语叫作:"老板一张嘴,下属跑断腿。"大意就是说平时在公司,老板是发号施令的那个,真正实施的人是下面的员工。

　　其实不是这样的,正是因为产品经理在企业中起到了非常关键的作用,所以在很多创业公司,产品经理往往就是创始人本人。产品经理这个名字听起来可能不是那么高大上,但是很多企业的CEO们心里都很清楚,产品经理才是互联网行业的关键创新节点。

　　在一些很重视用户体验的公司里,几乎每个人都是产品经理、客服、运营人员、产品技术人员等等,这些人都是离客户最近的人,他们可以近距离地接触到客户的反馈和意见,他们每天要做的事情就是站在客户的立场上看问题,要考虑如何满足客户的需要,推动企业完善用户体验。

　　在小米,产品经理的概念和责任意识,遍布了每个角落。一个好的产品经理,带给企业的影响是巨大的,那么谁应该为产品经理打头阵呢?正是因为这个职务重要,才更应该让一个重要的人来担当。很多企业家早已认识到这个问题,雷军就是其中一个。小米在研发MIUI ROM的时候,雷军总是作为第一个体验产品效果的人,一边体验一边思考产品是否达到了应有的成效,是否把产品的体验感做到了极致。

　　雷军说得上是一个好的带头人,在小米,产品经理和老板都是产品经理，除了他们以外，其他员工也算都上是产品经理，即使是研发人员和客服也不例外，每一个有机会接触到客户的人，都是能够第一手得到用户反馈的人，这些反馈和意见正是难能可贵的，是改善用户体验的前提。

腾讯公司的创始人马化腾，也是一个认真负责的产品经理。有一次，在一款很火爆的微信游戏刚发布的时候，马化腾甚至在半夜三点也不放过体验的机会，恰巧在体验的过程中发现了问题，当下就立即招来团队进行修复工作。这种站在产品本身的角度讲出体验效果不好的问题，赢得了人心，这比强势的命令式的管理方式更加管用。

只要愿意，每个人都能是产品经理。只要人人心中都有这样的一个潜意识，把自家企业的产品当回事，也就是让每一个员工心中都有消费者的一个位置，常常换位思考，想想如果自己是客户的话会希望这个产品是什么样的，这样每个人才能把工作做得更好。

产品对一家企业来说很重要，它的质量关乎着企业未来的发展。一个产品从研发到生产，要经历很复杂的程序，如果这中间没有人监管和控制的话，产品做出来是什么样都不好说，这个时候需要的就是产品经理。然而一个人的监管力度是抵不过许多人的，小米这种让每个人都成为产品经理的模式，成效更佳，每个员工时时都保持着一种产品经理的心态，为消费者着想，为产品着想，为企业着想，这股力量是非常强大的。

第四章

设定管理的方式,是不信任的方式

一个好的领导,需要和员工建立起相互信任的关系。一个只会管理的领导只能算是一个合格的"监工",这样员工只是屈服于管理之下,而并没有把心献给公司。雷军选择人才的眼光是业内出名的高,而且他对自己选择出来的人拥有绝对的信任,不给员工设限,上班不打卡,也不设KPI,这样的管理模式让很多人都不甚理解,但是事实证明。给予员工不设限的信任,员工便会回馈给企业绝对的忠诚和责任心。

只要不让公司翻船，你就能去做

小米迅速建立了属于自己的商业模式，引来手机行业的其他厂商频频侧目。甚至有人在总结小米模式的时候说，小米在思路上领先两年，产品领先一年，传统的手机厂商是很难追上的。

李嘉诚曾说过，任何一个机会都会经历四个阶段：看不起、看不见、看不懂、来不及。手机行业对小米模式的认知也是慢慢从"看不起"到"看不懂"最后到了"赶不上"。任何一个机会都有其黄金时段，如果你持观望的态度，一旦错过了，就再也赶不上了。而小米顺势而上，毫不犹豫，远远地把一些传统手机行业甩在了后面。

雷军取得的成就，让人们对他产生了很大的好奇心。曾经就有很多人问过雷军，市场和机遇其实对每个人都是公平的，那为什么偏偏别人就学不了小米的模式呢？对于这个问题，雷军淡定地回答道："小米模式的背后，是互联网思维的胜利，是先进的互联网生产力对传统生产力的胜利。"

每次当别人说到小米的时候，雷军会暗暗得意，俨然就像听到别人夸奖自家孩子一样高兴。小米获得的称赞声很多，但也不乏质疑和批评的声音。有一句话叫作：你能承受多大的诋毁，就能承受多大的赞美。虽然这么说固然有道理，但是雷军还是很在意外界对小米的质疑和误解。

有一次颁奖典礼上，马云说了一句小米的核心是营销，小小一句话也许没有太多人注意，但是雷军记了下来。之后雷军还专门为这个事找了马云，跟他解释说小米的核心其实在于产品。除此之外，对于外界贴在小米身上"饥饿营销""期货"等标签也是深感委屈，还因此多次发文解释，

第四章
设定管理的方式，是不信任的方式

说小米每个月的产量已经达到了200万台，这个数据大大超过了很多传统的手机厂商，不存在"期货""饥饿营销"的说法。后来雷军还向全国的人民许下承诺，说2014年一定会达到4000万台的供应量。

对于互联网模式，雷军认为最重要的还是要看产品。雷军说，如果企业的产品和营销并举的时候，那就说明这个产品达不到极致了。对于小米的产品，他总是充满了极大的信心。每当他提到小米的时候，就会不自觉地提高音量，字里行间透露出很大的喜悦感。

一有机会，雷军就会不遗余力地介绍自家的产品。他对产品的一些细节问题，也十分重视，比如小米盒子塑料外封没有对准中间线，他就会找小米盒子的负责人王川反映，希望他尽快整改。

雷军做小米，他把目光放在更具体的实事上，他会带领小米十几人的团队花上一个月的时间，只为修改演讲时的PPT，最多的时候竟然了一百多遍。

一个人想要改变自己、推翻以前的自己，是很难的，但是雷军可以做到。从金山到小米，雷军的着重点也从管理转移到了产品，就连他热衷的管理思路都发生了翻天覆地的变化。在金山，他是一个很严苛的上司，但是在小米他变成了一个很宽容的老板。小米公司的员工上班是不打卡的，也不进行KPI的绩效考核，整个公司的管理结构呈扁平化。

雷军的变化，熟悉的人都看在眼里，其中最了解熟悉他的大概算是黎万强了吧！在金山时，黎万强就是雷军的下属，他对于雷军的变化感触挺深的，他说："之前在金山时，老大就会直接挑战你。为什么这样做，为什么不那样做。现在，他虽然还是很难被说服，但是他给了我们一个权限：做这件事情只要不让公司翻船，你就可以去做！"

雷军给员工的权限变大了之后，整个人都不再显得紧绷绷了，但是了解他的人还是会说，雷军看起来很温和，其实还是很难说服的。而他放出的这句"只要公司不翻船，你就可以去做"的话，无疑是解除了很多禁忌，给了员工更大的空间去做事。

雷军从最初严格的管理模式，进化为现在这样给予信任和权限的管理方式，是一个进步的过程。员工不是被推着前行，不是过分地依靠管理做事，有了一丝自觉性和新鲜感，这样员工的创造力和积极性才不会被束缚。人的创造力被激发出来的时候，对一个企业或是产品而言是有很大好处的。

除了创始人，其他人都没职位

随着中国经济的迅速增长，中国的企业也得到了进一步的发展，但是企业在管理方面的问题一直都是企业家们头疼的问题。现如今中国企业大都实行领导机制，人管人，层层分解，每个部门都有领导，领导下面还有小领导。

这样的管理模式不是不好，只是在实行的过程中，由于监督、管理机制的不健全，会产生很多问题。

而且现在企业有一个很大的问题就是，员工每天要做的事情很多，每天都很累，这样一来，慢慢企业的员工就会变得没有干劲，没有干劲，事情就做不好。这个时候企业可能就会把做不好的原因放在员工的身上，认为是员工不够优秀，然后为了补救就开展各种培训的活动。这样折腾下来，不但没有解决根本问题，还会把大家搞得更加疲惫。

其实究其根本，或许是事情做得太多了。在现如今的互联网时代，讲究的是单点切入、逐点放大，要少做事，做的事情不在多而在精，提倡企业扁平化管理，让员工能早点下班回家，才能促使他们把事情做到更好、效率更高。

这其中扁平化的管理模式很重要。扁平化管理的定义是：通过减少行政管理层次，裁减冗余人员，从而建立一种紧凑、干练的扁平化组织结构。

扁平化的管理模式是为了解决当下企业遇到的管理问题所实行的一种管理模式。以前，当企业扩大规模后，就会增加管理层，金字塔越垒越高。而在现在，比较有效的办法就是反其道而行，改为增加管理幅度，当管理幅度增加而管理层次减少的时候，原本金字塔状的组织形式就会被"压扁"成为扁平化的组织形式。

在小米，基本上是没有很多组织架构的，大致是分为三级，七个创始人是一级，下面是各个部门的领导，接下来的就都是员工了。简简单单的分配，不会让团队变得太大，等到团队稍微变得大一点就把它分成小团队。这样的组织结构能够让小米的各个领域保持其相对的独立性，大家相互不干涉"内政"，都在各自的领域努力，最后合力把事情越做越好。

这个模式从小米的公司布局就能看出玄机，小米的每一层都由一个创始人坐镇管理，一层产品、一层营销、一层电商、一层硬件等，这样便能保证各个创始人的独立管理，能够在工作上产生一竿子执行到底的效果。

在小米没有明确的职位之分，除了七个创始人有职位之外，其他人都没有职位，都是工程师，他们没有晋升，对他们工作肯定的唯一奖励方式就是涨薪。这样表面上看好像员工连晋升的空间都没有，这样不会丧失斗志吗？其实不会，涨薪就是他们最大的动力，这样的模式减少了许多团队之间的纠纷，不必为了晋升的机会争得你死我活。员工不需要去考虑太多杂事，就能够一心一意扑在工作上。

而且这种管理模式也大大减少了各个层级相互汇报工作的时间。而且小米平时开会的时间也是不多的，公司几千名的员工，开一次那就像打仗一样，阵仗太大不说还影响工作时间。所以除了周一的一小时公司例会外几乎很少开会，就连季度总结、半年总结会这种大会也少之又少。

《罗辑思维》的罗振宇曾说过:"互联网变革的是什么?很多传统企业以为是营销渠道或者是品牌建构方式。不,在我看来,互联网首先铲掉的是组织方式,是人的分工和协作方式,如果看不透这个底层密码,组织转型、产业转型都是镜花水月。互联网对现代管理学已经产生了冲击,而且是很大的冲击!"

传统行业想转换为互联网思维,恐怕要大费一番周折了。不可否认的是,互联网的效率是传统行业无法企及的。互联网企业崇尚的是扁平化的管理和现场管理,决策者能够有效快速地做出决策,可以在尝试中出现错误,但决不允许在犹豫之间错失市场。

强调责任感,不设 KPI

KPI 即关键绩效指标,是指通过对组织内部流程的输入端、输出端的关键参数进行设置、取样、计算、分析,衡量流程绩效的一种目标式量化管理指标,是把企业的战略目标分解为可操作的工作目标的工具,是企业绩效管理的基础。它是为了衡量和考察工作人员工作绩效表现的一个指标,目的是督促员工更好地工作。

KPI 是从国外引进过来的管理制度,它本身是一个十分有效的制度形式,但到了中国以后却产生了许多"水土不服"的现象,在中国 KPI 的实行效果还不如本土的管理办法。为什么这些明明在外国效果很好的管理制度,到了中国就不尽人意了呢?主要还是没有弄清楚 KPI 管理模式所要求的条件和理论前提。理论前提是管理科学的精华部分,是严谨思维的一种体现。

为了说明理论前提的重要性,我们举个例子。有一次,爱因斯坦对他的学生说:"有这样两个工人,他们都在修理老旧的烟囱,当他们从烟囱爬出来的时候，人们发现其中一个很干净，另外一个却是满脸的煤灰，那么请问他们中间谁会去洗澡呢？"有一个学生马上说道："当然是那个满脸煤灰的工人！"

爱因斯坦接着说道："是吗？那请大家注意一下，干净的工人看到另一个工人满脸煤灰，他觉得从烟囱里爬出来很脏，而另一位看到对方却很干净。我再问你们，他们两个谁会去洗澡？"另外一个同学很兴奋地说出了他的答案："我知道了！干净的那个工人看到另一位很脏时，就会觉得自己也很脏，但是脏的那个看到对方是干净的，就以为自己也是干净的，所以结论就是那个干净的工人去洗澡了。"这个同学一说出答案，马上也得到了其他同学的认同。

但是老师爱因斯坦并没有认同这个答案，而是慢条斯理地说："这个答案是错的。"正当大家都疑惑不解的时候，爱因斯坦解释了原因："两个人都从老旧的烟囱里爬出来，怎么可能会一个干净、一个脏呢？这个前提是不正确的，既然前提不正确，结果自然是没有意义的！"

这个故事告诉人们，离开了既定的前提条件，结论就可能变得毫无意义，甚至是得出错误的结论。在不同的前提条件下就会得出不同的结论，管理也是这样的，比如说只看重考核，却对员工的考核标准和内容没有达成一致，就会变得"计划赶不上变化"，最终结果令人失望。

在面临企业管理方面的选择，雷军果断地放弃了KPI，他多次提到"去KPI化"的概念。而事实上，雷军不仅是说说而已，小米内部确实没有实行KPI考核制度，没有打卡，也没有KPI考核制度。因为雷军觉得，要制定一个完美的KPI很难，你可能在短时间内完成了KPI目标，但是却失去了用户，这个代价太大了。

雷军说过，互联网公司有一个很大的优势就是，有完善的量化管理和数字管理。但是这个优势并不是绝对的优势，它是会出问题的，当我们只关心日活跃，只关心用户的增长量时，常常就会忽略了人的感受，而这些数字又能为我们做些什么呢？

雷军在创业之初曾想过一个"小餐馆理念"，他觉得小餐馆的老板才是最成功的老板，因为对老板来说每一个消费者都是朋友，会有人打电话订餐，还会有人在门口排队，做一个小餐馆的老板成就感很高。当年雷军的"小餐馆理念"是不设KPI的，如今的小米也不设KPI。即使有了KPI，员工也不一定会真的自觉。

小米是一家十分强调责任感的公司，强调要把别人的事情当作第一件事去完成。比如说自己的代码完成了，一定需要别的工程师帮忙检查，被找的这个工程师就算再忙，也要放下手头的事情先帮忙检查代码，然后再去做自己的事情。

小米没有晋升也没有KPI考核，有人大概会疑问，这样的员工能做好事情吗？事实上被制度驱赶着前行的员工并不一定是好的员工，在其他的公司，可能会有一个非常好的晋升制度，大家都为了晋升的机会而努力做事，这样有可能会导致员工价值观念的扭曲，大家为了晋升而努力，为了创新而进行创新，但这个创新并不一定是为了用户而创新，员工把用户抛在了一边。其他公司的工程师可能只是要求员工把技术做好就行了。但是小米不是这样的，小米不仅要求工程师把这个事情做好，还必须要对用户负责。

有人云："在其位，谋其政；做其事，尽其责。"在自己的职位上兢兢业业、尽职尽责是一个员工应有的素质和职业操守。这世上的工作有千千万万种，但是每个人的岗位却不尽相同，每个人所负的职责也有大有小，但是不管工种类别，不管职责大小，都要具备强烈的事业心和责任感，如此才能把工作完成得更好。

人只有有了责任感，才能够敬业，自觉地把工作和分内之事牢记于心，什么时候该做什么，不该做什么，就会变得顺其自然。有了责任感才能够尽职尽责，把心思完全放在工作上，有没有看管监督都是一样的，才能够有进取心，不是原地踏步，而会自觉地努力和创新。

员工的责任感不是用管理制度约束出来的，强硬的管理制度反而会让员工学会"当面一套背后一套"的恶习。一个好员工的责任感是"养"出来的，当企业给了员工足够的信任和尊重时，这种责任心便会油然而生。不设 KPI，是小米对员工信任和尊重的体现，培养员工的责任感才是最有效的管理方式。

在小米，责任感被认为是一切工作的动力源泉。如果一家企业员工的动力是监督制度，恐怕长此以往下来，企业营造的风气会很快散去。只有让员工自己的责任心驱使着他们去努力，才是长远之策。

和员工一起创业，一起分享利益

一个企业能够合理高效的运作，离不开员工的努力和付出。但是当员工的积极性丧失的时候，企业还能稳定快速地发展吗？答案是不能，因为企业是靠各个岗位的员工支撑起来的，没有员工的企业会坍塌。

培养员工的积极性是所有企业都应该好好考虑的一件事，首先就是要让员工"爽"，员工"爽"了，就会迸发出更多的干劲。怎么才能让员工"爽"呢？其实就是要使他们有参与感、成就感，还要给他们足够的激励。

作为一个企业的老板，必须要在管理上多下功夫，不能和员工斤斤计较，要懂得和员工分享利益，这样才会取得更大的成功。

零售巨头沃尔玛有这样一条经验："和你们的同事们分享利益，把他们当作你的合作伙伴来看待。反过来他们也会把你当作合作伙伴来看待，大家齐心协力合作的效益将会出乎人的意料。"

俗话说："商场如战场。"随着社会的经济发展越来越迅速，企业之间的竞争也越来越激烈，老板在中间起到的作用自然是不可忽视的。他们身上背负的担子重，承受的压力也大，理应多得到一些回报。但是聪明的老板是不会独享利益的，他们会把利益分享给员工，并且设置合理的激励机制。

把企业的利益和员工分享，这是一个肯定员工付出的举动。员工在劳动中付出了心血，就能够得到相应的奖励，这样的形式对凝聚企业员工向心力有很大的作用。

雷军是把分享机制实行的很好的企业家，在小米，有一个理念就是：和员工一起分享利益，尽可能多地分享利益。小米公司刚刚成立时，就有了全员持股、全员投资的计划。最初加入小米的56个员工，共向小米投资了一千多万美元，这样每个人都在小米持股。看似没什么大变化，雷军还是老大，但是在员工的心中，小米不再是雷军一个人的了，小米是大家的，就像是一个大家庭一样，每个人都愿意为这个家多出一份力。

这样就不是雷军一个人在竭尽全力，而是一群人在全力付出，也不是雷军一个人在创业，而是一个团队在共同创业。小米的生死和员工的身家紧紧地联系在一起，颇有点"国家兴亡，匹夫有责"的意味。小米好了自己就好了，小米不好自己也不好，谁会拿自己的身家不当回事呢？大家都会为了小米的发展而努力。

有一个硬件工程师，资历很深，雷军看中了他的能力，想让他加入小米，雷军花了很长时间跟那个工程师聊天，耗费了大量的时间，雷军终于说服了他，到了最后一刻，雷军问他要多少股份，结果这个工程师的回答让雷军有点愣，他说无所谓。如果这个结果放在别人面前，恐怕还会有人暗自高兴，没有什么野心，放在身边安全，但是雷军要的不是这种安全，他要的是激情和创业的勇气。

在听到那个工程师回答的瞬间，雷军甚至有点失望。对于雷军来说，小米是一个创业公司，如果这个人连股份都不感兴趣，那么他就只是想要谋一份拿死工资的工作,这样的人往往没有太大的激情,最后能不能坚定地在小米待下去都说不准,没有创业精神的人不是雷军要的人。

只有和员工一起创业、一起分享利益,才能让员工把企业真正当作自己的家,把工作当成自己的事情去做。没有管理就是最好的管理,因为员工能够实现自我管理是最好的管理方式。小米的管理模式就实行的很好,透明的分享机制,大大凝聚了小米的向心力和亲和力。

合伙人可以独当一面

小米的管理模式跟一般的企业相比,显得有些"奇葩",甚至在有些人看来是略有出格的事情:没有KPI,管理层很少,甚至还没有晋升机制,如果表现得好就给予加薪。

这些管理方式在传统企业看来是不能理解的,即使在同类型的互联网公司,也少有不做绩效评估的。管理层更是少之又少,几个合伙人一人管一层,下面分管的各部门的主管,主管下面几个小组,接着就都属于普通员工了,在小米这么大一个公司,能实行这样的管理模式确实不容易。

雷军想要在一个不熟悉的新兴行业里实行快速发展,首先要做的就是勇于打破常规,雷军不仅突破了现有规则,还突破得很彻底,不仅在产品、价格和功能定位上,在管理模式上也进行了大胆突破,这就是小米扁平化管理模式的由来。

在别的公司你可能会是总监或者经理级别的管理层,但是到了小米,大家都一样,都是工程师,级别一样,也没有什么晋升的机会,但是加薪奖励没得说。管理模式实行扁平化,要求合伙人要管理的事情就变多了,这也意味着公司对他们的能力有更高的要求。

对合伙人的要求变高并没有什么坏处,就目前情况来看,小米的几个合伙人都不是庸碌之才，个个能顶一片天。雷军曾不止一次地强调合伙人的重要性，这一点在业界得到了不少人的认同。

小米公司的理念就是，借助各个合伙人的力量在营销、内容和供应链等方面走出更远的路。不同的人能胜任不同的工作，专业的人做专业事，这是小米一直坚持的原则。从业界各个大公司找来重量级的人物，这样的事情雷军做了不止一次。

这些专业的业界大咖被雷军找来后，都各自负责了一块领域。美国高通公司高级副总裁兼大中华区总裁王翔加盟小米，据说是因为小米看中了王翔丰富的政府及企业资源，在王翔任职高通大中华区总裁期间，其负责的是高通在大中华区的全面运营及业务，可谓是经验丰富且能力卓越。

Google 的高管雨果·巴拉从 Google 离职后加盟了小米，根据他的特长，雨果·巴拉被安排负责小米的巩固工作以及安卓平台、国际市场的关系维护，雨果·巴拉先前是 Google 的产品管理副总裁，他是美国本土人人加上在国外丰富的工作经验，预示着他足够胜任拓展小米国际市场的工作。

新浪执行副总裁、新浪网总编辑陈彤，是个内容界的人脉王，主管内容投资与内容运营。陈彤本身是一个很有才华的人，抛开他的能力本身，他是新浪元老级别的人物，在行业的影响力自然是没话说，不管在官方机构还是各路明星、媒体和影视公司，都有一定影响力，在现今媒体行业严抓严打的背景下，陈彤的影响力和人脉圈子都对小米的发展助益良多。

合伙人的角色如此重要，雷军怎会不慎重选择，回头看看小米初创阶段的七个合伙人，再看看这几个例子，就对雷军选择人的门路一目了然。因为小米的管理模式呈扁平化，所以雷军为公司引进的人才都是精英中的精英。他们每一个人对公司的贡献都是无可替代的，所以才能让小米扁平化的管理模式顺利运行。

小米不常开会的习惯也延续至今，上面有什么决策甚至都不会发邮件，有事情的话就在小米研发的米聊里面解决，报销都可以在米聊里截图确定，真是既简单又方便，事情也解决了，产品的体验工作也顺便做了。

一个好的企业、高效率的企业，靠的不是严格限制管理员工的工作时间，而是找一群志同道合的人共同努力。

速度是最好的管理

很多业内人士都对小米新鲜的管理模式感到好奇，也有很多的疑问。雷军在金山的时候，给员工的印象是一个很严格的上司形象，那个时候金山和小米的情况完全不同，那时的管理层很多，开会还会做绩效，这些到了小米就全都变了，不仅雷军像变了一个人似的，他的管理模式也和在金山时有了天差地别。

有人忍不住好奇去问了雷军，雷军没有顺着这个管理的问题回答，而是换了一个思路说，在金山的时候，版本一般都是一年更新一次；而在小米，MIUI一周就会更新一次，这两个速度根本就不是一个级别的。雷军的话一语中的，瞬间惊醒梦中人，是啊，时代不同了，如果小米的MIUI还像金山时代时一年更新一次的话，估计早就被市场淘汰了吧！

现在正处于移动互联网时代的中心，相比之前的互联网时代，移动互联网最重要的改变就是速度的变化。在以往，企业生产出一个产品，可以慢慢地去规划，慢慢地发布，但同样的速度放在现在对企业来说可能是致命的。一个新产品如果发行两三个月还没有被人们接受，那么就可能会被市场抛弃。

移动互联网讲求的是速度，在这个时代的管理问题同样也是讲求速度，这个速度是成长速度。管理的方式建立在信任员工的前提下，才能让员工产生做最好产品的冲动，才能让小米更快地发展。

移动互联网时代还有一个最大的特点，就是企业和用户之间的一些隔阂被踢开了，就出现了一种新型的模式，甚至出现了"先进用户引导型创新"的说法。这就意味着企业的发展要更加贴近用户，企业和用户不再是隔着一层纱，或是维持着平行的关系，而是融为一个整体。过去的传统是，工程师闭门造车，用户没有机会也不可能有机会见到工程师，更别说了解其中的过程了。但是在新的发展背景下，小米开始实行工程师和用户"面对面"的方式，这种面对面不一定是在现实中，可以通过微博、论坛等等渠道，实现工程师和用户的有效沟通。

实现了企业、工程师和用户的"面对面"有效沟通，就意味着，管理的权力不再是单独掌握在老板的手中，而是转移到了用户身上。用户不再是对着产品默默"吐槽"，而是有了更大的空间，能够通过微博等互联网的途径提出意见和建议。用户和企业互动得越频繁，对企业的发展越有好处。

每个企业都有属于自己的企业文化，而企业文化是不会被用户的建议所左右的，说到底，还是由企业所处的社会大环境决定的。如果大环境发生了变化，而企业仍然墨守成规不作出相应改变的话，那么是很难有什么大成就的。移动互联网时代的到来，意味着结构复杂的组织形式不符合要求了，要求企业的组织管理结构扁平化发展，企业的部门能够做到小巧且灵活，可以组织运转效率更高。

不管企业能否适应，现今时代不断更迭的速度都不会减缓。在领导者的焦虑和无所适从的间隙，新兴追随者的脚步是不会停下的，就像是马拉松比赛，如果你稍微减缓了脚步，就会被后来者跟上甚至赶超，而推动其他选手加速的是社会变革的力量，而且这场比赛一直在进行着，没有终点,容不得你半点停歇。

所以对于企业来说,首先要认识时代发展的要求,而且发展速度要跟上,在你不断发展的过程中,员工也会跟着努力,毕竟谁也不愿意被其他人落在后面。相反,如果企业的速度跟不上大的时代变化,甚至于在原地打转的话,恐怕会让员工丧失斗志和激情,没有了工作激情的员工,很难为公司做出什么有力的贡献。

与时俱进、随势而变才是管理的精髓

小米的扁平化管理有其优势:分权、信息快速流通。这种管理方式较好地解决了等级式管理的层次重叠、冗员多、组织机构运转效率低下等弊端,加快了信息流的速率,提高了决策效率。而且,扁平化管理淡化了公司员工与领导之间的等级观念,使员工在日常工作中更能轻松自如地发挥自己的专长。领导与员工之间建立了一种相对平等对话的机制。

扁平化管理模式在小米也是比较成功的。比如小米产品的使用者在社区发布各类需求,可以快速地定位到小米内部的某个职能团队,而且能很快得到响应。这样做的最大价值在于企业对内的评价体系和外部用户利益一致,减少了为KPI伤害用户的行为,提升了用户的使用体验,增加了用户黏性。

总之,扁平化管理的优势是非常明显的:部门间极小的沟通成本、领导岗位极大的发挥空间、极高的反应能力和机动性等。

但是,事情都有两面性:扁平化管理也并不是万能灵药,这种管理模式也存在天然的弊端:比如它的优势之一是信息交互畅通,而企业追求信息畅通的目的是想加快决策的速度,从而提高决策效率。但是信息的通畅会带来一个问题,就是缺少了各层级决策者对信息的判断、筛选,使得到达决策者案头的冗余信息过多，反而让决策者更难以决策。所以通畅的信息传递未必可以提高效率。

而且，扁平化管理最大的弊端，在于扁平化不适用于大公司：扁平化的结构优势可以总结为三个字：短平快。这种管理模式对每个人的要求都很高，对领导层的要求更高。在公司规模做大以后，因为扁平化管理天然的"小管理层"模式，会导致每个决策者下面都有大规模的员工。这样，当这一个管理者出现问题，如突发状况的不能履职，或者进行了错误地决策，那么，这种状况下，根本没有一种成熟的、制度化的救济措施，很容易让他所负责的业务，甚至整个公司遭遇灭顶之灾。

扁平化管理还有一个"反人性"的弊端：员工上升空间有限。加薪、持股可以看作是对这一弊端的缓解，但是却并不能根本解决。因为任何一种手段，包括金钱方面的满足，都是有限的。在上升无望、金钱刺激又不能达到激励目的之后，尸位素餐，或者另择良木就成了必然。

扁平化管理不是小米公司的"专利"，可以说，这几乎是绝大多数近几年经过快速资本积累而崛起的科技公司的"标配"。客观来说，扁平化管理比较适合草创期的团队，人员规模不大，业务简单或者量少。2016年以前的小米就是如此。但是，如今小米公司的员工已达14000名左右，扁平化管理就有些捉襟见肘了。从管理层级上来说，只有7个创始人有明确的职位，其他员工都是工程师身份。这使得决策没有新鲜血液的注入而变得僵化，而且极简的管理层，不可避免地带上了专治、人治的烙印。而人治的架构，决定了它无法在内部进行大规模、批量的产品线扩张，因为它没有可以支撑大批量扩张的流程和机制。这就导致了小米公司只能通过投资第三方而不是内部扩张的方式来扩张自己的产品线。从小米产品线上的众多合作厂商就能一窥端倪。但是这样的后果就是导致合伙人越来越多，关系也越来越复杂，管理的难度大大提高。从用户方面来说，就是无法及时准确地对用户需求作出反馈，降低用户体验，造成用户流失。同时，扁平化管理在这时还会造成资源不能有效分配，进而导致公司管理和经营成本提高等问题。

针对这种形势，小米公司也开始做出改变。

自 2016～2017 年开始，小米逐步试点层级化，最早在 MIUI 部门内推行。当时小米正值低谷：这一年小米国内销量仅 4150 万部，相比上年同期的 6490 万部下跌 36%。"手机公司一旦下滑就是一条不归路。"雷军担心小米由此跌入万劫不复的境地，于是开始进行改革："大家觉得整个公司业绩做得不好肯定是有一些问题的，谁也说不清楚问题在哪，那就都改改看看。"其中改变之一就是从小公司管理模式的"扁平化"转向大公司管理模式的"层级化"。现在，小米已经推动层级化落地。此外，被推崇的上班不打卡也不复存在，上班开始打卡，而且从 2017 年春节后考勤尤其严格，部门也开始设置 KPI。

而且，以 2018 年 5 月小米向港交所提交招股书为标志，小米连续进行了多次架构调整，从人治到规范化组织治理的转型意图明显。这也从一个侧面说明了，市场对小米先前管理方式的不认可———不是说小米以前的管理模式错误，而是不认可这种管理模式能治理好上市公司规模的公司。

在小米正式登陆港股之后，小米进行了更多的人事变动，比如王川全面接管小米国内业务，标志着几条业务线各自探索试水的阶段结束。这有利于公司在成熟期实现良性发展。

2019 年的小米跟 2010 年的小米已经有了很大的改变，小米的很多举措也与雷军以前的表态背道而驰。作为旁观者，我们大可不必高喊"雷军变了""小米已死"之类的口号。要明白，雷军是人不是神，在这样一个瞬息万变的时代，他也不能准确预见几年之后公司、市场的变化，"不设 KPI""五年不上市"都是基于当时的形势得出的决策。但是，在形势变化之后，还拘泥于这样的口号不做改变，那是一个不合格的企业领导者。

不固守某种曾经非常有效、合适的管理方式，而是根据时代、形势的变化，选择适合的，或者说，与时俱进、随势而变才是管理的精髓。

第五章

在不赚钱的模式上发展手机品牌

　　小米手机主打低价格、高性价比,这个思路为小米赢得了很多客户。小米模式的成功成了许多企业争相模仿的对象,小米就像一列高速列车,以平稳快速的发展速度行进。这和小米正确的战略模式脱不开关系,小米就是靠着软件、硬件和互联网相互结合的模式,在市场上走出了一条全新的路。

硬件也能建平台

对于小米来说，软件和硬件同等重要，雷军曾说过，小米要把硬件、软件和互联网相结合，用这样的模式走出一条新的道路来。

小米通过几年的奋斗使其从不知名的小型创业公司，一跃成为全球知名的智能手机生产商。根据市场研究公司 IDC 公布的 2014 年第三季度数据显示，小米在中国的市场占有份额已经达到 14.8%，成为中国数一数二的智能手机生产厂商，其在全球的份额也增长了好几个百分点。

但是这样的增长速度不会是长久稳定的，这一点雷军早有预料。他曾经表示，小米手机在国内市场的占有率与日俱增，但等增长到 25% 之后就会遇到瓶颈期，这就是硬件行业最大的弱点，它不可能像互联网产品一样垄断市场，因为市场的需求呈现多样化，并不是单一的产品就能够满足的。

小米手机在过去的几年间，销量的增长速度很快。越是在发展一片大好的现况下，越是要有危机意识，小米一定要为接下来的工作再做统筹规划。

小米要抓好当下的势头，必须要有所作为了。由此小米也开始进入了公司的转折点，不再是单一的突破阶段，而是转向搭建大型硬件生态系统。以往的小米中心着重于做品类的开拓，面对现下的情况，小米决定调整战略，外围的部分负责品类的扩张，中心不再做品类开拓，只做内容扩张。

小米在为这个时代的转折点积极地做着准备：扁平化的管理结构、分工明确的供应链、充裕的资金等。小米所具备的这些条件，为这条扩张之路打下了更坚实的基础。

雷军曾表示，小米是第一家告诉人们硬件也能建平台的企业，小米的智能硬件平台为我国国内的移动互联网行业开了先河。通常情况下我们看到的都是腾讯、百度、Google等互联网行业建了很多平台，但是平台并不是互联网行业的专利产品，只是在小米之前，国内没有硬件厂商尝试罢了。从长远的发展来看，新平台的诞生是必然的，无论是阿里巴巴、京东，还是联想、华为，以及后来居上的硬件创业者，都在迅速地涌向这个战场。

物联网和智能家居时代的迅速到来，将会给企业带来一个重新排名的机会。雷军发现，小米手机如果做得足够好，那么小米的手机本身就是一个规模巨大的互联网平台。规模有多大呢？雷军用数据来回答了这个问题，他分析道，中国十几亿的人口里，有一亿多人在使用小米手机，大约是中国人口的10%，而且几乎都是年轻人，那么雷军自己在年轻人中还是有一定的影响力的，所以无论是在看电影、听音乐，还是看书、浏览新闻，都是小米提供的。这样一来，小米就变成了一个巨大的内容渠道。小米这么多用户，不仅通过电视机的盒子看小米的内容，还通过手机、平板也在看小米的内容，新闻、书、电影、游戏、音乐，这些内容小米全都覆盖了。更具体地说，小米用户每天需要点击屏幕115次，平均每天用手机的时间达到4个半小时。这样有影响力的播出平台，占用了小米用户这么长的时间，对用户的影响非同小可。

之前小米的战略是"手机、电视、路由器"的模式，可是实行下来发现电视和路由器并没有达到预期的效果，没有像小米手机卖的那样火。这意味着小米原先的"手机、电视、路由器"战略升级为"手机、电视、路由器、生态链"，这就是小米做出的第三次战略调整。

这次的战略调整，代表着雷军将近一年的思考和分析——小米的边界到底是什么？智能家居时代的加速前进，使得小米的内部发生了一些争论，智能家居的中心到底是手机还是路由器。争论了许久都没有得出结果，最后大家发现，可能智能家居并不需要有一个中心来支撑。

雷军思考出来的小米的边界，是由手机、电视、路由器这三大产品线，再加上小米网、供应链、MIUI等核心优势共同构成。因为中心不再做品类的扩张，专注于内容扩张，所以在2014年底，雷军拉来了原新浪总编辑陈彤加盟小米，陈彤在内容方面的建设有足够的能力。陈彤的到来对小米来说是一件好事，雷军也计划在内容的产业上投资10亿美元，其实在此之前，小米已经入股优酷、爱奇艺和荔枝FM，陈彤的加入会让小米在内容方面的扩张更加顺利。

在外围的品类扩张上，小米采用了入股的战略方式，投资了100家各个领域的硬件初创企业，这些初创企业一旦研发出新产品，就会拿到小米"验身"，得到小米的肯定后，就会在小米的网站上出售，并被赋予"小米生态链产品"的标签。

晨兴创投的合伙人刘芹曾经在接受记者采访时说过："小米连接的结点数量越多，护城河就越稳固，平台的价值就越大。"的确，通过入股硬件初创企业的方式，向这些企业开放品牌和流量，其实也为小米覆盖了更多的智能硬件领域。

2015年初的小米发布会上，雷军在现场发布了一组售价为22元的智能模块，可以让其他厂商通过内置此模块的方式，把终端接入小米，载体将会是一个类似于智能家居控制平台的超级APP。

小米正在一步一步从一家做手机的公司拓展到硬件生态，如果有够强够庞大的终端接入，小米就会拥有业内比较完整系统的硬件生态。当大量的终端数据在小米的平台上聚集时，最终就会形成一个数据的服务和采集中心。

雷军说小米是第一家告诉人们硬件也能建平台的，这是他的期望也可以说是梦想。硬件生态的扩展意味着雷军向梦想又迈进了一大步。平台模式的精华部分，就是要打造出一个强大的"生态圈"。

小米的规模可能跟三星和苹果还有些距离，但是三星一直都是单向硬件扩展的模式，显得略有些单薄。倒是小米和苹果都是软硬件同步扩展的，只不过苹果进入智能硬件领域的方式是推出智能产品，如Apple watch。苹果的这种模式就意味着它必须要花时间去研究产品，然后才能推向市场，这个模式有其好处，也有其劣势。但是小米就走了一条和苹果不同的路，很难对比出小米所选择的生态链扩张之路和苹果的优劣，但有一点是确定的，就是小米的这个方法在中国更适用，且发展更快。

苹果针对的是市场上少量的用户，平台自然也是"低度开放"。而小米对终端设备的开放程度则更高，它可以和生态链企业合作，也可以和像美的这样的传统企业合作，生产出的产品是面向更宽阔的用户，覆盖率更广。

小米就是无时无刻不在创造奇迹，它为中国市场开创了"硬件建设平台"的先河。

无社交不电商

2014年4月8日的"米粉节"，小米创下了12小时接单200万部手机、卖出130万部手机、实现15亿元销售额的惊人成绩。小米总裁林斌表示，小米在2014年卖出的6000多万部手机，都是由小米官网卖出的。

这次"米粉节"12个小时的抢购结束后，最高兴的人就是雷军，他说："这是小米电商的成人礼。"与其说这是小米电商的成人礼，不如说这是社交电商的成人礼。小米在电商上面的发展，为更多从零起步的电商做出了成功的榜样，小米电商模式的成功最大的功劳当属社交网络。

网络社交是一门必须要重视的学问。通过社交能收获属于自己的粉丝群体，而这些粉丝群体的力量绝对不容忽视，他们带来的经济效应也是空前绝后的。现在很多人都在说"粉丝经济",但是能把"粉丝经济"做好的没有几个。在移动互联网越来越碎片化的今天,一个没有粉丝的品牌,恐怕很难顺利生存下去。

小米算是把"粉丝经济"运用得很好的品牌,小米商城作为一个自有产品的电商平台,在产品、粉丝、营销推广等方面都做了很多创新。在粉丝推广上,雷军更是使用了各种社交工具。

首先是微博,虽说每年都有人在唱衰微博,但是微博的使用人数却在与日俱增。因为微博是一个可以接触到大V的途径,小米官方微博和雷军的微博都已拥有一千多万的粉丝数,有一定的影响力。腾讯QQ空间和微信也是小米的战场,在这里,小米也拥有不少粉丝。

当然还有一个最不能忽视的社交工具,就是小米的革命根据地——小米社区官方论坛。这里是"米粉"的大本营,粉丝们常常在这里交流学习手机的使用心得,这里也能了解到小米最新的动态信息,还能参加一些有意义的活动,这里是小米为"米粉"们打造的一个能够畅所欲言的互动交流平台。

论坛上聚集了很多手机发烧友,每天的浏览量和帖子的回复量都是很高的,算得上是国内比较火的手机论坛了。可能有很多人都对论坛的发展前景不看好,认为论坛已经被时代淘汰了。但其实论坛的地位暂时还不能被取代,它是一个很有价值和意义的社交工具。在这里人们可以图文并茂地说一件事,最重要的是它可以无止境地盖楼,这样一个帖子就会有很多用户在里面,许多用户的问题就比较容易被及时解决。

雷军把小米的铁杆粉丝圈在了自家的这个根据地,通过用户在论坛上提出的产品意见,获取大量的用户反馈,不仅对产品的改进有很大的好处,还让用户体验到了"当家作主"的参与感。

其实小米开始做社区的时间很早,甚至比小米手机出品的时间还要早。在小米手机之前,小米就在打造MIUI的ROM产品,小米还在各大手机论坛中找了一百个热心的粉丝,请他们帮忙体验MIUI系统,帮助小米把产品改进得更好。在小米手机出来之前,小米也用了这种方法,同样起到了不可忽视的作用,"米粉"的提前试用帮助小米手机的功能更加完善。

雷军常常强调他的七字诀,其中的"口碑"就和社交网络息息相关。社交和电商的完美结合,让小米的战斗力频频飙升。小米电商成功的秘诀就在于社交,借助与用户的互动来吸引用户的参与。互动的方式也是有讲究的,大多是游戏式的,目的是让用户感到有趣。比如在"米粉节"上发送现金优惠券,针对小米论坛中符合活动标准的用户发放优惠券,根据积分的不同发放不同的优惠券。还有互动的小游戏,比如"拳王争霸赛",游戏并不是真的让用户拳击比赛,而是特殊的"拳王争霸",让用户通过猜拳的游戏来赢得礼券,参加的人数更是达到了一千万有余。

现在人们的生活越来越富裕,生活条件更好,几乎什么都能买到,人们不再纠结着买什么,转而纠结在哪儿买。消费者不再是一味地跟风,他们更愿意追随那些他们喜欢的人,这些人不一定是名人或是专业人士,但是他们的言论在网络上很有影响力,会影响部分消费者的购物倾向。

很明显,现如今的消费状况和以往大不相同了,消费者意向会更多地受到社交的影响。在网站上发表一篇文章或是一些图片就能够对消费决策产生很大的影响力,这在过去几乎是无法想象的。小米正是依靠社交的强大力量,引发了一次一千多万粉丝的疯狂购买潮,完成了一次12小时的奇迹。

无社交不电商,也许未来奇迹仍需这些拥有社交属性的电商来实现。根据小米举办"米粉节"的经验,拼访问量拼用户的时代已经过去了,还是要靠社交和粉丝的力量。电商和社交这两个并无交集的因子碰撞在一起，就会擦出意想不到的火花。电商和社交的结合并不属于意外，对于电商而言，无论是线上还是线下都是一块很大很直接的盈利市场；而社交是无论线上线下都是人气很高且具有持久性的资源平台。当直接的盈利市场和庞大的资源平台相遇的时候，就成了最佳组合。

网络空间思维，而不是互联网思维

雷军40岁创办了小米，这个时候的雷军已经是功成名就，一开始的动机就不是冲着钱来的，这是他创业的一次机会，也是他的梦想。雷军自己曾说："我不会为了钱去做什么事情，这个事情是我喜欢的，我满意的。所以小米要做的第一件事情就是货真价实。"

之前的智能手机市场，很多人都会选择苹果、三星这些品牌，很少有人用国产手机，但是现在越来越多的人开始购买国产机。在小米的带动下，国产手机的质量越来越高，也越来越受大家欢迎。

小米一路走来，赞美声有之、质疑声有之、误解非议也有之，但是不管怎样，雷军都坚持走了下来。小米能走到今天，雷军脑子里那一套超时代的全新商业思维居功至伟。

雷军之所以成功，是因为他能单枪匹马地开辟出一条不一样的道路，他趟出了全球商业史上的第三条路，一条在现实和网络之间权衡的融合之道。

当人们还在适应网络带给时代的变化时，雷军就敏锐地发现了一条有别于传统行业，也和之前互联网商业思维不同的路子。前面提到他对互联网思维十分敬佩，但是雷军的新思想似乎不应该被称为"互联网思维"，应该叫网络空间思维。这个思维不像互联网思维那样有局限性，这是一个几乎适用于所有领域的思维，对个人也好、企业也好、国家也好，这条融合平衡的道路，是人们应该去学习的。

小米模式其实很难划分其明确的属性，它介于互联网和传统之间，又介于硬件和互联网之间，在一个网络信息飞速发展的时代，需要缓冲的时间，人们突然从一个完全在现实中活动的空间转战到网络空间，突然一下要适应网络的视角，会带给很多人迷茫的困扰。而雷军的聪明之处就在于，他能赶在其他人前面，敏锐地察觉到社会的变化，敢于大胆地实践出一套崭新的商业逻辑。俗言道："舍得舍得，有舍才有得。"在新的社会大背景下，他毅然决然地舍弃了现实中的很多资源渠道，尝试在网络空间进行彻底地商业构建，敢为天下先，才更有机会获得成功。

雷军的网络空间思维的精华部分主要是：从以往的以现实为基础转变为以网络空间为基础，这颠覆了传统的商业逻辑。其更加重视用户体验，以实时的动态用户运行模式代替传统的商业服务模式，商业运营以大规模的用户互动动态数据为基础。道理不难懂，但是运作的过程是极其辛苦的，雷军敢于彻底地进行尝试，走在时代前方，难能可贵。

雷军作为一个勇敢的先行者和开拓者，成败或是外界的舆论评价都不能成为人们关注雷军的焦点目光。他的创新思维所开拓出的道路是一条全新的路，成了很多人争相追随和模仿的对象。这就是雷军网络空间思维的价值所在，并不是只有小米愿意实行，更多的企业和厂商都愿意遵循这个模式。

雷军的网络空间思维不需要来一场大辩论来看待其真假对错，只要小米成功，它便是最具有说服力的证明。在新的时代里，开始进入现实空间和网络空间的结合状态，而且网络空间有赶超现实空间的趋势。

这种网络空间的商业结构跟我们传统的现实空间的商业结构形成了很大的冲击，而且这种模式和Google、Facebook等纯网络的模式不太一样。小米的模式是网络与现实的有机结合，有主次先后之分，既有继承又有发展创新。小米模式突出的亮点就是其新的空间观，就是以网络空间为基点的商业模式。

传统的手机销售方式就是一次性的销售，而且手机厂商和用户不会直接接触。而小米网络空间的商业结构不一样的地方就在于，产品是链接用户和厂商的出口，也是网络空间的入口。这样，其商业模式的核心就从产品的销量转变为长期经营使用产品的用户群体，及时和用户互动成了一项被提上日程的重点内容。

对于新兴的移动互联网领域，网络平台是一个不可忽视的重点，但它又常常被其他因素的光芒掩盖，从而被忽略。当年的诺基亚霸占着中国十多年的销量榜首位置，但最后其却错失变得更强大的机会，没有抓住建立平台这项重点，最终兵败如山倒，失去了往日的辉煌。三星的手机销量实力不容忽视，但是至今也没有建立网络平台的迹象。

它们没有做到的事情，小米却做到了，这和雷军创新的商业思维脱不开关系，这正是他网络空间思维的突破所在。

让"小米"成为一种生活方式

无论外界的声音是褒是贬，小米一步一步走到今天，已经具备足够强大的吸引力，现如今的小米已经不仅仅是被定义为一家手机公司了。有一句话是对现如今的小米最好的诠释：小米卖的不仅是产品，还是一种生活方式。

小米不再是一家单纯卖手机的公司，如果提起小米，还说它是一家手机公司，那就太委屈小米出品的其他产品了。除了手机、电视、路由器这三大件之外，小米还涉足智能家居领域的产品，净水器、家用空调、空气净化器等一应俱全，甚至连安保和健康产品也有涉足，而且还出了不少爆款。

企业做到生活方式化的最显著代表就是无印良品，提起无印良品，人们就会不自觉赞叹其优质而简单，无印良品的品牌是MUJI，其代表了一种生活方式，它的设计理念就是"简单朴素、自然环保、注重设计"，无印良品发源于日本，现如今已经成为在日本乃至全世界的知名品牌。但是无印良品却超脱商业品牌的局限，在无印良品的商品上，我们是找不到它的品牌标识的，"无印"就是"无品牌"的意思。无牌胜有牌，与其说无印良品是一个品牌，不如说它代表着一种生活态度。

减去了商品上的商标，省去了一些不必要的设计和加工，简单朴素得只剩下了产品本身，然而这才是消费者最需要的部分。它提倡的是简单朴素的生活方式，然而在朴素中并不失优雅的特性，简单也不是毫无要求。这大概就是无印良品聪明之处，人最擅长的就是喜新厌旧，商品的更新换代如此快，没有理由让人们记住一年前的时尚单品是什么，商品再火爆，但也会很快就被人们遗忘，而生活方式则例外，它不会被时间冲淡，会演变为人们的一种习惯。

习惯会留在人们的潜意识里，不被忘记。MUJI产品最大的特点，除了简单朴素就是多元化。它的商铺就像是一个生活超市，里面的产品多种多样，可以满足各类人群的需要。

而小米就是要走无印良品的发展模式，从手机开始，小米的品类不断地向外扩展，发展到笔记本、手环等，再到智能家居和硬件这些边界产品。在2013年，雷军发现了智能硬件的机会，他觉得这是小米的又一大风口，于是小米开始了生态链计划。经过几年的尝试，2016年3月，小米打造出了一款全新的生态链品牌——米家。

米家的设立不仅不会阻滞小米手机的发展，还会反向推动小米手机的销售。这样的例子是有的，有人买了小米的空气净化器和智能摄像机，那么他花钱买一部小米手机就成了顺理成章的事情，比如一部红米2，最便宜的时候599就能拿下。这些智能产品依托小米手机实现了最大价值的发挥，而小米手机也通过这些智能硬件带来了销量。

小米想要呈现的是一套完整的生活方式，也许你并不需要手机或是电视，但却可能会需要其他的智能硬件产品，小米产品的多样化给了客户更多的选择。

雷军一直对外宣称小米专注于手机、电视和路由器，但是明显可以看出这几样产品和小米投资的其他智能硬件产品是脱不开关系的。主管小米智能硬件生态链的刘德表示，小米和智能硬件生态链的关系就像一片竹林一样，小米手机就像是一棵竹子，当它单独生长的时候，生命力是十分脆弱的，有很大的危险，且会因为一些原因死掉。但是当这些智能硬件都逐渐长大，与小米手机共同成长为一片竹林的时候，小米手机包括竹林里任何一种产品的生命力都会变得更强大。

对此，刘德是这样解释的："当时米聊没有做得很成功，但也没有影响到公司的整体发展。"雷军最大的特点是具有前瞻性眼光，在其他的手机厂商还在努力靠硬件争夺大众眼球的时候，小米就已经走过了这个阶段，它开始把目标放在生活领域中，因为小米要成为一种生活方式，让小米更多地渗透在人们每天的生活细节中。

小米是从售卖软硬件产品开始，逐渐升级为售卖生活方式的。售卖产品很简单，小米以前的电商模式就可以，只需要一个网络平台，就能够做得很好。但是要让小米成为一种生活方式，这些就远远不够了，一定要有能够满足用户线下体验的实体店，生活方式就是要让人们能够更近距离地体验产品的细节，最大程度地激发用户的购买欲望。

小米最初的成功是依靠电商这个平台实现的，现在，小米开始发展线下，小米之家在全国各地如雨后春笋般冒了出来，雷军更是公开表示，小米过去五年是做电商，未来五年将把渠道重点放在实体门店小米之家上。

谈到小米之家的发展，雷军这样说："小米之家的目标是平均每月的销售额达到5000万。计划每个月开5到10家店，用三、四年的时间开到

1000 家店，实现销售额 400 亿到 500 亿的目标。"

从电商到实体门面，从产品到生活方式，小米要走的路还很远。但是至少成为一种生活方式的底气和信心已经拥有了，无印良品的特点就是隐藏 logo，这看似淡然的态度，背后隐藏的是强大的自信心，就算是没有 logo，也一样会被用户一眼认出，这就是无印良品，不需要用公式化符号化的 logo 让人们记住其品牌。

小米的笔记本在众人千呼万唤之中出品，最大的热点不是它的超高性价比，而是笔记本的正面没有 logo。这正是效仿无印良品的行为，不设 logo 是自信的表现。雷军在发布会上说起不设 logo 这个梗："这样很多记者拿着小米笔记本去参加各种发布会就不会难堪了。"这一句看似好笑的玩笑话，其实是很有深意的。logo 的重要性不言而喻，它甚至是象征着一个公司的形象和名誉，但是不设 logo，正是小米的用意所在，小米的产品不要被人们加上标签，而是要成为一个人们习以为常的生活习惯，这才是小米的终极目标。

小米模式是互联网思维的胜利

自从小米手机在公众面前亮相以来，它的任何一点风吹草动都饱受关注。从 2011 年 8 月起，仅仅一年半的时间，小米手机在中国市场的热度频频升高。每次开售的时候都会在很短的时间里售罄，2012 年的时候，小米就创下了一百多亿元的营销额，这个速度很令人惊讶。

在小米出品之前，国产手机的格局是很稳定的"中华酷联"，就是指中兴、联想、华为和酷派，它们依靠和运营商稳定的合作和多年的线下渠道经营，在中国的手机市场活跃着，然而这样的格局在小米手机出场后发生了巨大的变化。小米就像一块陨石落在了国产手机的市场，打破了市场的平静，并形成了威力不小的"鲶鱼效应"。

"鲶鱼效应"所带来的结果就是阿里、百度和盛大等互联网公司也趁势进入了智能手机市场，但是这些公司成效甚微。而传统的手机厂商看到小米的成功后，也开始采用互联网的方式进行营销，结果是东施效颦，适得其反。尝试未果后，传统厂商只得把重点转回到运营商和生产渠道上，这就是人们常说的经历了"看不起"和"看不懂"后的"学不会"阶段。

而小米似乎并没有受到外界的影响，销量一路飙升，而且开始着手进军香港、台湾市场。小米一直在前进，从2011年开始打进智能手机市场后，三年的时间里，销售额飞速增长，从最初的几亿元飙升至几百亿元。仅2014年上半年就售出了两千多万部手机，同比增长达到271%。

这真的是一个疯狂的成绩单，这是小米依靠互联网思维实行创新模式的成果。互联网思维是开放透明的，把这个理念放在手机的销售、服务等环节，延伸向生态链，就形成了"小米模式"。雷军曾说："我们作为一家手机制造公司，关键就是插上了互联网的翅膀，互联网是一种思维，是一种考虑未来的方法。"

用互联网思维开放、透明的特点，来做智能手机行业，小米模式选对了路。以往的手机模式是要采取"机海战术"，因为用户众多，相应的用户需求也是各有差异。手机厂商大多是不断生产开发新机，结果就是发布的手机品种太多，差异又太小，这根本就显示不出自己的优势。

互联网思维则不一样，它走的是精准路线，小米手机一年基本上就是一款手机机型。这个路线和苹果有着异曲同工之妙，苹果走的是精品路线、明星路线，产品的用户定位也十分精准，为的就是要让用户尖叫。"精"可以让企业变得更专注，专注于打造优质产品，更容易把手机做到极致，当产品做到极致的时候，就是最好的招牌，品质才是根本，比广告还要具有宣传效应。

2011年8月，小米的第一代手机刚刚出品的时候，其配置在当时算得上是全球首屈一指的：世界上首款双核 1.5GHz 的智能手机、后置 800 万像素相机、超长待机时间。当年，像这样一款配置的手机市场售价基本上是在三四千元，但是小米却打着低价格、高性价比的旗号，打响了手机市场竞争的第一枪。

思维的出发点不同，造成的最终结果也会不同。传统的手机厂商一般是工程师思维，是从公司的角度去看问题、设计产品；而互联网公司则是产品经理思维，是从用户的需求去设计产品、解决问题。

传统厂商在手机的研发和设计方面，一向是闭门造车的做派，完全靠的是设计师的灵感和样板，很难真正反映出用户的需求。而互联网思维的不同之处就在于它是按照用户的需求来设计产品，新产品发行前都会有测试版出产，也就是工程机。这些工程机推向市场之后，借助粉丝社区的平台，更好地吸取用户的意见，能够不断地改进和完善产品的不足之处。

要想借助用户的力量达到改善产品的效果，信任是绝不可少的，就像人与人之间交往一样，如果对一个人提意见，他总是不听，慢慢夺就没人不愿意再提了。用户和企业之间也是这样，如果用户提的意见总是没有什么效果，时间久了，用户就不愿意再张口了。

在小米，用户的发言权就得到了充分的发挥，在小米的论坛里，最高级别的粉丝可以提前试用未出品的开发版手机，然后再进行评价和建议，他们甚至可以参与一些绝密型产品的开发。互动讲求的就是双向性，只有用户觉得这个事情说完有效果了，他才会有动力继续下去，你给用户足够的信任，用户才能信任你。

其实这只是互联网思维的冰山一角，传统的手机行业，在销售模式上采取的是单向对客户沟通的方式，在售后环节的服务上有些厂商则是采取消极的态度，能推则推。而互联网思维的优势就在于在营销和销售的环节，采取的是双方交流互动的模式，有一个粉丝互动的平台，用滚雪球的口碑推广方式，把每个粉丝用户变成为产品宣传推广的传送带，售后的环节也是用心与用户互动，积极吸取用户的意见和解决用户的问题。售后环节其实很重要，只有吸取教训才能更好地解决问题，才能更有利于产品的完善和改良，最后产生一个良性循环。

小米在和用户的互动方面就做得很到位，渠道很丰富，不仅有论坛、同城会等自家的阵地，还会利用各种社交软件，如微博、微信等。小米采取的是"全民客服"的模式，所谓的"全民客服"就是说每一个人都可以是客服，不管你是工程师、办事员、合伙人，甚至是雷军自己都可以充当客服的角色，微博、微信上用户有什么问题，你都可以帮忙解决。雷军很忙，但是他每天都会花一些时间回复微博上的评论。小米工程师也会经常回复论坛的帖子，这样用户就有一种被重视的感觉，这样用户也会反过来重视小米。

这就是小米模式的优势所在，小米的特色就是和社交网络产生联系，积极地调动用户的"参与感"。并且构建了小米的产品生态链，成功进军智能家居等新领域。小米的这一策略，就是借由互联网这一"顺风车"加速前进。

小米模式能复制，但大生态难复制

管理学大师彼得·德鲁克曾在《德鲁克日志》中说道："当今企业之间的竞争，不是产品之间的竞争，而是商业模式之间的竞争。"管理模式是管理学的重要组成部分，很多人常常把它挂在嘴边，但却解释不出一个所以然来，其实说得直白点，商业模式就是企业的赚钱方式。

今日不同往昔，企业的竞争不再局限于产品、人才、服务和销售的环节上，如今是商业模式上的竞争，而商业模式的竞争就是盈利模式的竞争。根据一家杂志的调查显示，创业公司失败的案例中，只有一小部分企业失败的原因是战略问题和执行问题，而因为盈利模式（或说商业模式）而失败的企业却占了很大一部分比例。

商业模式对一个企业的重要性不言而喻，不管企业的经营范围是什么，都逃不过商业模式的考验，商业模式是一个企业的核心思想之一，甚至可以说企业的生死存亡和商业模式脱不开关系。一个合理有效的商业模式，是企业发展至关重要的因素。

既然商业模式在成熟的道路上需要层层磨合，那么企业能不能把别人做成功的商业模式复制过来呢？关于这个问题，雷军的回答是肯定的，他认为小米模式是可以被复制的，关键是看哪个层面的复制。因为很多东西小米是不能独自邀功的，小米背后企业的功劳也不可忽视，从小米做事方法的角度来看，小米可以被复制的是按照小米的方法做出比较好的产品。

但是话又说回来，复制可以，但是完全复制似乎太过困难。比如从小米的大生态角度来看，复制应该是一件很难的事情。一个商业模式并不是单一的组合，而是由很多复杂的因素组成的，就说小米，根本不是一个企业的一个人的能力或是领导，而是一个企业的多种力量贡献积攒而成的。我们都知道，小米的初创团队里的人都是很有能力的大咖，一个企业能在创业初期就拥有微软、金山、Google等这些著名软硬件公司的精英，起步就是一件很了不起的事情，就冲着他们的能力看，也是很难被复制的。

商业模式不是简简单单的复制模仿就能成功的，要塑造一个商业模式，是需要很多因素共同促成的，比如企业的环境、发展前景、团队能力和人脉资源等，这些都是非常重要的因素，是促成商业模式成功的影响因素。

其实小米的成功不仅仅靠企业的运营力或是团队的执行力，时代大环境也非常重要，小米创业初期的环境促成了小米模式的成功。而在当今的社会，再来实行小米模式或许并不一定就可行。即使是让雷军在现在的这个环境下再重来一遍，恐怕也是很难成功的，只能说小米模式成功的那个大环境和好时机已经过去了。

任何一种商业模式都不是任何企业任何时代都能够适用的，因人而异、因时而异罢了。每个时代都有其不同的特点，并不是所有的时代环境都是一成不变的，网络环境的变化、社会需求的变化，包括流行趋势的变化都会影响商业模式的发展。

所以说，复制成功企业的商业模式可以，但一定要慎重考虑多方面因素，而且不可能完完全全复制。企业的构建是很复杂的，所以不是简简单单的复制就能快速成功的，要因地制宜地复制，有选择性地学习。

小米模式固然走出了一条属于它的成功之道，可想要复制其商业模式的厂商还是会遇到一些不可避免的压力和挑战。比如产品结构、组织结构、思维模式和产品体验等等，企业的境况不同，最终达到的效果也会不同。

所以雷军说的"小米模式能复制，但大生态难复制"这句话还是很有道理的，小米的生态建设已经达到了一定的规模，这种商业模式是很难被复制的。

将凡客模式复制到手机行业

11月11日是什么日子？回答最多的大概是光棍节了。但不知何时，"双十一"成了电商大打价格战的日子，如今人们再提起11月11日，脑中最先跳出来的便是：购物节、抢货等字眼。2012年的"双十一"，小米也加入了这场电商专属的大战。

雷军曾说过："小米是符合电商公司所有特质的。"无论从物流还是销售平台看，小米都是一家电子商务公司，而且还是一家大公司。这不仅仅是因为雷军强烈的"电商情结",更重要的是雷军看出了这是大势所趋,就像他常说的那句经典名言:"站在台风口,猪都能飞起来。"这个台风口就是迅猛崛起的移动互联网。

这个风口很好,但需要一个很好的模式来把这个风口的作用运用起来。有业内人士称小米是把凡客的模式复制到了手机行业,一个卖手机的和一个卖衣服的怎么产生关系的呢?据悉在早些时候,雷军就曾和凡客诚品的创始人陈年一起办卓越网,后来卓越网被亚马逊收购。2007年陈年创办凡客诚品,雷军也是投资人之一。在业内人士看来,雷军正在慢慢地把凡客的模式搬运到手机行业。

凡客诚品从最初的卖自家品牌的衣服,发展成售卖各种品牌服装,后来又开拓了童装、鞋、家居、配饰和化妆品等市场,甚至还开设了图书和家电的品类。

再看看小米,一开始,小米也是只专注于卖手机,顺便售卖一些周边产品,后来小米推出了小米盒子,再后来是手环、电视、路由器、笔记本,甚至是平衡车、无人机和空气净化器,细数下来,才发现小米的产品涉及之广,有生活中常用的,也有不常用的品类,总之小米这条生态链扩展的很广。

小米的一步步变化正是复制了凡客模式,而且不是简单地复制,是经过加工改造的,根据自身的特点和发展,将之改造为小米模式。

按理说,市场和趋势对每个人都是平等公正的,为什么小米能够成功,其他企业却学不会小米模式?对于这个问题,雷军最爱用他的七字名言来回答:专注、极致、口碑、快。除此之外,还有小米模式背后互联网思维的胜利,互联网推动了产业的发展,也是互联网生产力的胜利。

小米成立之初,小米打着"为发烧而生"的标语,随后发布了第一代小米手机,通过在官网销售的方式为小米在移动互联网行业打开了一片新天地,第一代小米初次登场就大获全胜,成了当时性价比最高的手机。

小米的成功在国产手机行业打响了华丽的一枪，同时期的市场上还有华为、中兴和魅族等国产手机厂商。这些手机公司都是十分优秀的企业，但是雷军认为小米和它们还是有一定的差别，虽然小米手机的火热大卖让小米成功跻身国产手机厂商的行列，这似乎在无形中为小米贴上了手机硬件厂商的标签，但在雷军眼中小米并不是一家纯粹的手机硬件厂商。

雷军给小米的定位是互联网公司，他一直在强调小米是一家集软件、硬件和互联网一体化的公司。雷军认为小米开创的是一个新的行业，叫互联网手机行业，在业内小米公司很难被定位，互联网公司认为它是一个手机公司，而手机公司又认为它是一个互联网公司。

小米开创的新模式引起了互联网公司的纷纷效仿，像腾讯、百度、网易、360等互联网公司开始纷纷迈入手机领域。有了一个成功的范例，就会有人想要尝试。很多互联网公司开始觉得小米的成功似乎没什么了不起的，既然小米能够成功，那么他们也就没有理由做不好。这些互联网公司开始纷纷涉足手机行业，但当他们真正进入这个行业后就会发现，这里面根本不像当初想得那么简单。

这就是外面的人看不清里面的状况，只有真正走进手机行业才会知道其中的艰辛。雷军自己也曾说过，手机行业其实是个很残酷的行业，在整个手机行业真正能够赚钱的其实没有几家，每过几年就会有一批企业死掉，互联网公司做手机是很不容易的。

这些互联网公司满心欢喜地进入手机行业，但是要不了多久，他们便会感受到做手机的不易。这个时候就会出一个分界点，真正想要做手机的公司不管多辛苦自然会继续做下去，而那些只是想投机取巧的公司感觉到困难后就不会再坚持下去了。

但是雷军的心态是不一样的，他是把小米当作人生最后一件大事来做的，他清楚地看到了时代的趋势，他也十分确信小米的未来。这是大势所趋，手机行业开始进入移动互联网的模式中，如今的手机不再是传统手机那样了，它就像是当年的电脑，成为"行走的电脑"，人们走到哪里都可以上网，将会成为人们最常用的终端。

雷军当时的看见果然没有错，如今几乎每个人都有一部智能手机，手机渐渐成为人们生活中的必需品，用起来简单方便，上到几十岁高龄的老人、下到几岁的儿童使用起来都能得心应手，手机上网对人们来说不再是一道难题。

在小米起步时，雷军就意识到移动互联网的发展前景很大，小米的这条路走得很是时候。小米就这样披着移动互联网的大衣取得了探索性的成功，这其中小米模式的功劳必不可少。用极客精神做极致产品，这是第一个关键；第二个关键就是剔除掉不合理的环节，节约不必要的成本；第三个关键就是让小米成为一个大众品牌，成为一个人人都能享用的优质品牌。

这时再回头想想雷军参与的"双十一"电商大战，就不难理解了。雷军这是为了推广他的小米模式，为了向人们证明小米的电商属性。

从"凡客模式"改造过来的"小米模式"赢得了成功，未来不敢打包票小米都会赢，但是小米模式的公司一定会赢。

第六章

创新风险高,但不创新就会死

　　创新是一个企业生存和发展的灵魂,但是市场飞速发展的今天,很多企业已经把这个必需的品格抛弃了。美国最负有盛名的管理学大师托马斯·彼得斯说过:"要么创新,要么死!"创新的风险很高,尝试有可能意味着失败,第一个吃螃蟹的人,也可能会被螃蟹夹到,但是如果一个企业丧失了创新的技能,就意味着失去了未来的生存之道。小米的生存之道就是靠创新取得成功。

不在乎销量，靠创新来成功

对于一个企业来说，品牌是很重要的，但是品牌的塑造必不可缺的一个重要内容就是产品的销量。因此许多企业把销量作为其上升的第一要义，尤其是在手机行业，越来越多的企业乐于为其销量定目标、定计划，视销量为重点，这固然是好的。

但雷军并不太认同，当外界都在猜测或怀疑小米是否能达到其增长目标的时候，雷军在2015年的世界互联网大会上表明了自己的观点，他认为完成今年的手机预计销售目标并不是小米的重中之重。

小米现在处于一个很严峻的形势下，小米的销售神话渐渐淡出人们的视线，现如今，市面上的智能手机厂商多种多样，中国的智能手机市场达到了一个饱和的状态，竞争越来越激烈，小米的销售策略也不再是优势，直接导致小米的销售步伐放缓。

在2015年的3月份，雷军按照以往的惯例，对小米手机的销量进行计划预测，他计划在2015年销售手机八千万到一亿部，这个数据出来以后，就有人分析，觉得小米在2015年大概会达不到预期，虽然小米在过去几年的手机销量都是超出预期目标的，但是在如此严峻的市场形势下，达成目标恐怕会有些困难。

事实上小米在2015年的手机销量确实没有达到预期目标，这便有了雷军在互联网大会上的一席话，他说："这个目标不是我们的重中之重，我们看重的是消费者的满意度。"

有人觉得雷军说这番话的原因是为了淡化销售目标在人们心中的地位，其实不管是与不是都不是最重要的。小米一路走来的艰辛，最深有体会的大概就是雷军本人了，外界给予他的压力并不少，他总是不断被大家推着走，所以他在2015年年初给了大家那串数字，没有达到预期并不是一件丢人的事情，市场的形式千变万化，不是人人都能当个有能力的预测家，至少小米在2015年仍然立于中国智能手机销量排行榜的首位。

小米在创业之初，采用的"价格战"的方式，打着高性价比的旗号，手机销量爆发式的增长，闪抢闪购的形式也成了手机市场上的一道风景，那些惊人的数据让小米一跃成为国产手机中数一数二的品牌。

随着手机市场的饱和，小米现在面临最大的问题就是中国手机市场逐渐放缓以及国内厂商之间的激烈竞争。面对这些问题，雷军没有退缩，他很清楚外界对小米的评价，因为最初的增长速度太快，所以人们认为小米仍应该保持原来的增长速度。但是很多事物一旦上升到一定阶段都会经历一段增长放缓的阶段，小米也正在经历它的增长放缓的时期，虽然小米仍在成长并没有停止脚步，但这样放缓的速度很容易让人忽视，外界对小米的期待太高，就会觉得增长的不够快。

但越是这样，雷军就越清楚断不能在他人的期待中迷失脚步，小米仍要按照自己的节奏走下去。并且面对这样的形势，小米并不是没有采取应对措施，国内市场放缓，小米就通过面向国外市场的方式来进行销售扩张。不仅如此，小米还在进行着其他领域的产品研发。

对于雷军来说，小米现在更需要的是找回创业初期的斗志和激情，需要更加坚定自己打造优质产品的初心，用创新来获取成功。在中国的手机市场中，同类型的手机款式很多，同质化的现象非常严重，放眼望去，市场上的手机无论是在款式、性能还是销售模式上都十分相似。

优胜劣汰，智者生存。中国手机市场上活跃的厂商大约有几十家，手机行业到了一个淘汰赛的阶段，而这场淘汰赛才刚刚拉开帷幕，或许还会持续几年。不过话说回来，没有实力的公司是不敢涉足手机行业的，因为实在是太烧钱，所以坚持到现在的手机企业都是"高手"，高手过招，绝对精彩。

而小米要做的就是要把关注点放在做好产品上，雷军对这次高手间的对决很有信心，竞争越是激烈，就越有挑战性。雷军还表示："希望把现在的市场份额增加一倍，因为我现在还有很多工作没有做好，等我做好了肯定增加一倍。而且竞争越残酷对我越有帮助，因为我有先发优势，我有规模优势，对别人来说是血海苦海，对我最好再苦一点。"

雷军的这段话不是狂妄自大的表现，而是他拥有足够的自信。他想的是，很难突破不表示不能突破，也不表示不需要突破。人生需要的就是挑战，很难突破就什么都不做了吗？难道不能想办法去突破吗？

创新难，但小米并没有放弃创新，有很多地方还是很值得去创新发展的，比如用户体验方面。例如小米在2015年9月份发行的小米4C，根据现下中国消费者的高铁乘坐频率增多的情况，在手机中加入了高铁模式，解决了人们在高铁上信号差的问题。

高铁模式只是小创新，但是"小"不能成为被忽视的理由。现在的手机用户很多，几乎覆盖全球，想要做出较大的大创新恐怕很困难，但是小创新却是值得突破的。用手机的人很多，不同类型的人也很多，可以针对不同的人做出不同的设计，因为客户的消费需求各异，在这方面进行突破创新是可行的。

搞创新，就不得不和知识产权交手，小米在2014年共申请了两千多项发明专利，雷军在2015年的目标则是实现翻一番，小米一直在创新上努力实现突破。

用互联网思维打造手机

小米要走创新的路子，一开始就与众不同。在小米创业伊始，市场上卖得好的手机也有不少，像诺基亚、中兴、HTC等等，这些手机厂商都属于传统手机品牌，但是小米的出场就在告诉人们，它不要用传统方式赚钱。

小米要走的是一条创新的路，这条路就是用互联网思维铺成的。小米手机要用互联网这个渠道进行全新打造，互联网首先拼的就是速度，就拿传统的手机厂商来说，从设计开发到生产、包装、铺货、运输、广告等等，中间环节耗时耗力。而这样的速度已经跟不上时代的快速发展，人们的生活节奏越来越快，需求也在不断变化，如果还是按照传统的方式来进行，这样的速度运作下，早就被别的厂商超越了。时间耗费了不说，中间环节的成本也是极高的。

除了速度，互联网还有其他优势。小米初创时期，互联网已经成为人们生活中的一部分，所以互联网本身就拥有一大批用户粉丝，而且互联网和用户之间的互动影响力很强，所以才会有那么多网络的"瘾君子"，这也是互联网的先天优势之一。互联网的影响力可以带给小米的不仅仅是速度的体验，还有庞大的用户资源。

还有一点就是宣传上的优势，在网络上宣传既省钱又省力，因为网络上关注的人本身就很多，所以在网络上进行宣传，只要战略对，稍加在论坛或是微博这些公众平台上加以宣传，关注的人一旦多起来就很容易产生广告效应，所以不需要大费周章地打广告，宣传造势简直可以不费吹灰之力。再然后就是小米一直在强调的用户参与感，先拿小米的手机优化系统MIUI来说，MIUI有自己的官方论坛，有一群"米粉"聚集在这里，他们可以分享对产品的体验。论坛和一些线下活动就像是一个巨大的吸盘，把小米的用户紧紧地吸引在一起。

互联网思维用雷军的话说还是那四个词：专注、极致、口碑、快。这七个字看似很简单，实则践行起来却困难重重，如果连这七个字都做不好的话，那就很可能什么也做不好。可能互联网思维很抽象，但当你赋予他一定的内涵和方法时，它就会变得具体可行。或许这七个字看起来很肤浅，但当你把它扩展开时，它就会变得无限可能。

就比如专注，雷军曾多次提到这一点，他认为手机不需要出那么多款式，贵精而不贵多，有些厂商每年要生产50～100款手机，他们抱着"总有一款适合你"的心态，大面积撒网，殊不知这样做收效甚微，甚至会造成资源浪费。

小米要的不是批量化的手机款式，而是专注几款手机，其实这样反而更容易发现手机的优缺点，对产品进行完善。一旦手机的款式多起来了，就很容易把客户弄晕，选择起来很困难，解决问题也很麻烦。当产品的数量少的时候反而是一件好事，可能一年也就那么一两款手机，但是所有人的精力和目光都放在这上面，很容易发现问题，也很容易解决问题。

接下来就是极致，其实也很好理解，一旦专注便会极致，可以说这两个词是相互关联的。就像我们平时总爱说："差不多行了！""我尽力了！"但是真的尽力了吗？人的潜力是无限的，企业的潜力也是无限的，就看肯不肯花功夫、花成本来成全极致了，能做出好的产品才是正道。

现在的人自我意识都提高了，不再是那个广告说什么人们信什么的时代了，每个人都有自己的辨识标准，如果你的产品不好，就算广告把它吹上天，也没人买账。这就要说到口碑了，手机做得极致，才会有好的口碑。况且在互联网时代，言论的传播速度非常之快。互联网是一个公开透明的环境，正所谓"好事不出门，坏事行千里"，有什么问题就很容易暴露在公众的眼皮底下，一传十十传百，负面的口碑就是这样形成的。网络是把双刃剑，有利于宣传推广不假，问题弊端容易被放大广为流传也不假，凡事都有两面性。

这个时候的客户不是靠广告砸出来的，而是靠口口相传的好口碑积攒下来的。口碑传播的速度是非常快的，像滚雪球一样越滚越大，不是一个一个增加的，而是一个倍增的速度。打造好的口碑，有一个关键性的因素就是超出用户的预期,就像海底捞那个想要打包一份西瓜却得到整个西瓜的例子,这就是超预期。

还有一点就是快,网络拼的就是速度。很多厂商见小米的成长速度如此之快,便有意学习借鉴,但是仅仅学习小米的电商化和互联网的营销模式是远远不够的,这些是看得见的表象,内涵的东西更需要学习。

手机的热卖并没有让小米停下发展的脚步,小米从互联网学到的不仅仅是一个快速有效的营销手段,还有建立生态系统的技能。小米通过互联网巧妙地把这个生态系统连接起来,小米把手机用户变成一个粉丝社群,通过"引流"的方式把用户吸引到小米的生态系统中。

小米的聪明之处就在于它会合理运用粉丝的力量,形成自己的商业模式,在互联网这个平台上,小米一步一步地走向未来。

跟用户一起做手机

从十几个人和一锅小米粥开始的创业,到后来手机销量创下十秒售罄的传奇,小米一步步走来更像是一部故事片。几个平均年龄超过四十岁的男人在一起创业,这个年龄已经算是创业圈的"老年人"了,但他们仍有自己的优势,那就是经验。

这群大神级别的"老年人"真的在手机行业做出了一番成绩,小米的成功,除了商业模式和营销战略的胜利,还归功于品牌的口碑建设。在互联网思维中口碑的地位不容小觑,口碑从本质上讲就是用户思维,即把用户放在一个很重要的位置,让用户产生参与感。

黎万强在《参与感》一书中写道:"构建参与感,就是把做产品做服务做销售的过程开放,让用户参与进来,建立一个可触碰、可拥有,和用户共同成长的品牌。"

当供大于求的时候,是买家为主体,卖家"求"着买家买;当供不应求时，是卖家为主体，买家"求"着卖家卖。这样就把买家和卖家放在了一个对立的位置，其实买家和卖家应该是和平共处的才对。经济在发展，消费者的购物心理也在发生着变化，用户购买商品时，从最初的功能式消费模式转变为品牌式消费，后来开始流行体验式消费，而小米实行的是全新的消费模式——参与式消费。

小米十分重视用户的参与感，和用户不是对立的关系，而是要和用户做朋友。别的手机用户是在用手机，那么小米的用户就是在玩手机，这样才更有参与感。过去的厂商和用户之间本不会有太多的接触，但是小米敢于颠覆这种关系。一般来说，都是用户在跟随厂商的理念，而小米则是和用户一起创造理念。

小米很重视年轻人的力量，虽说年轻的一代在手机用户中的比例不能占到百分之百，但也绝对是不容忽视的一股力量。相对来说，年轻人比较有活力，他们更愿意去追随自己喜欢的东西，像是明星，或是品牌，他们想象着自己能更多地参与到这个世界中去，也梦想着有朝一日能改变世界。小米正是抓住年轻人身上这种难能可贵的品质，带领他们参与到品牌创造中来。

年轻人是消费的一支主力军，他们更容易接受新鲜事物，小米希望的是他们能带着这种追求新鲜事物的精神参与到小米的制造中来。比如宜家，他们的很多家具都是可以自己动手装，买个家具还要自己动手组装，很不可思议，但是很多人对此乐此不疲，这就是参与的乐趣。

小米很重视用户的参与感，便绞尽脑汁地让用户参与进来，年轻一代的用户经常在微博、微信等社交软件上浏览，小米又是一个电商企业，跟网络的关系更是十分密切，所以和这些社交软件上的用户接触是很容易的。

想要和用户做朋友，就要先学会怎么和用户玩到一起。当然这个"玩"字还是要围绕产品来进行，就比如说小米之前要发布路由器的时候，雷军就率先发布了一条微博："小米新玩具，即将发布！"然后还附了一张局部图。大家看了这条微博都很好奇，纷纷猜测是什么产品，有人说它是水瓶，有人说它是手电筒，还有人说是豆浆机。

这就是一件很有意思的事情，和用户相处的过程中就能发现很多意想不到的点子和乐趣。虽说大家的想法大多是天马行空，但是大家在想象的过程中不仅娱乐了自己，而且小米的品牌口碑也得到了很大的传播。因为好玩的事情，大家都是乐意分享和传播的。

这样的传播方式是用户创造的，难以想象，却比企业传统的宣传方式更简单有效。接下来就是更多的互动，不仅让用户和企业产生互动，还要让用户和产品互动起来。就像宜家的做法一样，让用户能够更加深入地接触和了解产品。小米为了让路由器变得"好玩"，借鉴了宜家组装家具的做法，就像雷军微博说的那样，让路由器真的变成一件"新玩具"。

路由器出工程机的时候，小米搞了一个新玩法，就是让用户自己来组装工程机，这个设计让"发烧友"们兴奋了，小米把它拆开了让用户自己组装，是一个很有意思的创新。

其实这也是小米对自己产品有信心的一种表现，因为把路由器拆开送到消费者的手上，意味着要把路由器内部的部件和构造完全展示在用户面前，要对品质有绝对的信心才敢把产品以这样的形式展现出来。

当用户在一点点完成组装路由器的任务时，也就是和产品产生感情的过程，甚至可以说是和小米这个品牌产生感情的过程，这就是参与感所带来的力量。这次路由器组装的创意效果还是很好的，路由器工程机的测试用户几乎所有人都非常积极，他们拍下组装路由器的过程，并且在各种社交网站上分享，他们分享的不仅仅是路由器本身，更是他们参与组装的成就感。

为了营造用户的参与感，小米不断地进行创新。除了产品，社交论坛的互动也必不可少。就拿小米自家的社交网站小米社区来说，小米的技术团队曾在里面发布了一个帖子,题目是:"和小米一起做更好的手机,小米荣誉顾问团招募啦!"

小米荣誉顾问团就是一群玩机技术达人的集合点,他们会帮助"米粉"解决问题,帮助小米完善MIUI系统,和小米一起把手机做得更好。他们是用户,又是小米的顾问团,同小米一起见证成长。

从一个同用户互动的帖子就可以看出,小米对用户的参与感是很重视的,产品好不好,由客户说了算,通过用户的反馈来进行对产品的完善,产品最终都是要到达用户手上的,好不好用只有他们知道,如果企业能够把用户的意见和体验重视起来,将是一笔很大的财富。

小米重视的参与感让用户都能够参与到产品中来,他们也许不会参与到产品的技术设计中,但是他们参与的环节绝对是必不可少的。小米制胜的法宝就是和用户一起玩,一起做手机。

做别人没做过的事情

创新是21世纪以来常提到的一个名词,小米也在创新,可以说小米的成功和创新是分不开的。

创新是什么?创新就是做别人没做过的事情,这是雷军在创业邦的年会上说的。创新是一件高风险的事情,风险高却不是放弃的理由,不创新就意味着你要走老路,而一味地走老路可能会让企业跟不上时代的步伐。

然而创新并不是一件容易实现的事情,尤其是在大企业里,员工多,事情也多,大家更愿意明哲保身,这样就导致没有人愿意出来创新,大家需要的是稳定的工作,没有人愿意做出头鸟,所以只能选择保守。这就导致了大企业的创新资源十分稀缺。

相比较之下,小企业更容易实现创新,即便如此,小企业的创新之路仍然艰难,因为小企业搞创新,由于知名度不够、品牌不够响亮等因素,很难进行，一旦创新的内容被大企业学了去，那么小企业很快就会被大企业打倒，这也是目前对于创业公司来说的困难所在。

小企业想要在激烈的竞争中生存下来，创新是必须的，小米在创业初期也经历着和这些小企业同样的困境，但是小米的创新战略一直在进行着。

创新是一个使用频率很高的词语，但真正实行起来又有很大的风险。创新其实并不容易成功，甚至可以说绝大部分都会失败。因为创新其实就是两类，一个是没有人做过的事情，还有一个是别人已经做过了但是失败的事情，这两类事情你去做了就叫创新。成功率很低，风险就高，所以愿意尝试的基本上都是初出茅庐的创业型公司。

小米起步的时候就是一个只有十几个人的小创业公司，所以小米敢于创新，用一句话形容就是：创新风险高，但不创新就会死。小米创新了，也成功了，但是成功之后，创新并没有被摒弃。雷军曾说过，创新是一个长期坚持的过程，不能为了创新而创新，一定要为社会带来价值。首先你必须得喜欢它，对它有兴趣，被赋予了工匠精神的创新一定会是最好的创新，用心才能达到极致。

雷军曾不止一次地说过："创新就是做别人没做过的事情。"所以小米从一开始就不一样，软件、硬件和互联网"三合一"的服务，全互联网的手机销售模式，小米刚开始的时候就取得了很大的成功，这跟它的创新是脱不开关系的，所以小米在短短三年的时间里，就从一个小的创业型公司蜕变为世界第三的手机企业。

首先是营销模式上的创新，众所周知，小米不是一个普通的手机厂商，小米手机的销售渠道采用的是线上销售，也就是依托于互联网的力量进行手机营销，这就为小米手机节省了许多中间环节产生的成本，以往需要通过经销商等环节，利润层层盘剥，使得最终的产品价格不断高升。电子商务最大的特点就是节约中间环节的成本，运营成本降低，便能引发最终销售价格的降低。

价格的优势还是其次，最重要的还是小米的参与感，让用户参与开发或是鼓励用户拆机玩机，是小米"笼络人心"的秘诀。采用这些用户的意见和反馈，通过他们带动小米的口碑营销。这样既保持了产品的透明度，又有利于品牌口碑的建设，这便是小米在营销上创新的"秘密"。

在商业模式上，小米相较以往的传统厂商也有所突破。小米不打算仅靠硬件赚钱，而是软件、硬件和互联网并重。在手机市场上，同等价位的手机，小米配置更高；同等配置的手机，小米价格更低，所以在市场上，小米手机有很大的优势。再加上小米对用户和口碑的重视，使得小米拥有一批"米粉"，小米不再是单纯普通地经营手机，还要经营用户粉丝群体。

很多传统的厂商就考虑不到经营用户的问题，只是单纯地考虑到卖手机，却忽略了用户群体背后的巨大市场。

在巨大的市场竞争压力下，小米却能保持着竞争优势，是一件很不容易的事情，是因为在竞争战略上，小米也进行了创新优化。单看小米开发的系统软件 MIUI 和米聊，就是传统手机厂商所不能比的。

就像雷军说的那样，创新就是要做别人没做过的事情，硬件、软件和互联网"铁人三项"齐头并进的商业模式创新，让小米加快了成功的步伐。

小米降价是因为技术创新

也许在很多人的眼里，小米的成功靠的仅仅就是营销手段和市场推广，这便是对小米的一种误解。小米公司的全称是北京小米科技有限责任公司，小米是一家名副其实的科技公司，技术是小米的重头戏。

可是小米因为价格低，一度被外界认为是靠打"价格战"而成功的，其实不是，小米价格低并不是为了低而低，而是小米技术创新的成果。

第六章
创新风险高，但不创新就会死

2015年时，小米手机进行了降价，这时便有人开始猜测小米是不是遇到麻烦了，否则怎么会降价。面对一系列的质疑，雷军出面回应：小米降价是科技创新的成果。

小米降价并不一定是不好的事情，不能用惯性思维去思考问题，眼睛看到的不一定是真实的，更何况是并未亲眼所见的事呢？小米降价并非像外界传的那样是因为出了问题，而是技术上做出了创新。

小米的成功不是由单一的因素构成的，其中有一点就是专注于品质。产品的品质是雷军一直在强调的一点，因为小米承载着他的梦想也承载着公司成立之初的合伙人的梦想，所以品质对于小米来说，显得格外重要，小米就是要秉持国货精神。一直以来，"国产"两个字承受了太多偏见，小米要做的就是为"国产"正名，一个全新的国产产品应该是质量更好、性价比更高，小米正在朝这个方向发展，努力改变大家对国产产品的看法。

小米的成功经历，证明了互联网思维是可以创新改造传统行业的，但是这其中最重要的还是技术创新。做爆品也是小米的战略之一，但是做爆品关键性的一点就是技术创新和产品研发。

性价比高是小米的战略之一，但是随着智能手机市场的竞争越发激烈，单单是性价比这一项已经不足以作为小米的竞争优势了，只靠这一点，恐怕是行不通了，所以小米必须要有更加有力的优势，那就是创新，对于一家科技公司而言，创新就要从技术抓起。

小米是雷军的第二次创业也许会是最后一次创业，所以他并不仅仅止步于让小米成为中国知名品牌。如今小米要做的，就是带动"新国货"思维发展，让小米成为国货的代名词，从而改变国产产品在人们心目中的定性观念。

想要改变人们心中的想法，就要先改变产品本身的品质。传统国产产品的生产方式，像是粗制滥造、用廉价来吸引消费者的方式应该被摒弃了。因为经济形式在发生变化，市场在改变，消费者的需求也在改变，以往的方式已经不再对消费者产生吸引力了，应该有一套全新的吸引方法，创新是首要的，技术创新很重要的一点就是需要知识产权的保护，在这方面的策略上，小米是很重视的，每年上达几千份的专利申请就是证明。

未来小米的目光放在了虚拟现实的VR产业上，这个领域在未来的发展前景还是很大的，其实虚拟现实早已进入人们的生活，但是在商业的进程上看，VR产业的发展还不够成熟，所以发展空间仍然可观，要涉足这一领域，更加需要一支有力的研发团队和创新性的技术开发。

用户喜欢才是最重要的。小米一直在强调用户的重要性，要让用户感觉到他们被当作朋友对待，口碑的传播实际上就是把用户都变成自己的粉丝。达到这个效果的前提就是产品要好，产品的质量需要的是技术的支持。

小米想做的就是用技术创新，带着中国的制造和产品向前迈进一大步，把"新国货"的理念发扬光大，让小米成为业界的标杆。

创新是制胜的法宝

自2010年至今，小米创立不到十年，从一个十几个人的创业团队跻身世界手机行业前列；2016年经历手机销量上的"滑铁卢"，却在一年后马上实现逆风翻盘；小米创立以来，一次又一次的商业奇迹让人不得不对它产生兴趣：究竟是什么在驱动着这家公司不断开拓向前？除去那些情怀、口号不谈，小米成功的很大原因就是全方位的创新。

产品定位的创新：小米从一开始就抓住"高性价比"的定位，吸引了众多缺少资金却又喜爱高性能手机的年轻人，精准的产品定位填补了市场的空白，使得这一部分消费者成为产品的忠实用户，"为发烧而生"实至名归。

销售渠道的创新：为了打破渠道的利润侵蚀，打造极致的性价比，小米从一开始就选择了抛弃传统渠道，自建小米商城。这样就减少了很大一部分的营销和中间成本。另外，网上销售还成功地吸引了追求新奇体验、爱好尝试新鲜事物的年轻消费者，获得了大量的用户。

生产方式的创新：小米的生产方式，究其实质，就是一种高级的、有技术含量的手机DIY。只不过是小米利用自己的优势，整合一切可以整合的生产链条，减少中间环节，实行简单的规模化生产，通过这种方式，小米能选择各行业中优秀而价格低的元器件来组合，因此能够做到最好的性价比。

产品战略的创新：虽然很多人对小米的认知还停留在"高性价比手机厂商"的层面上，但实际上自2013年底开始，小米就启动了小米生态链计划。采用"投资＋孵化"的模式积极扩张产品线，以手机为核心，辅以周边的小米生态链企业，将各种产品渗透到用户家庭中。雷军曾多次表示，要将小米模式切入100个细分领域，把小米从一只大船变成完整的舰队。几年来这一战略也取得了较好的成果，比如当前全球18家硬件独角兽公司，小米生态链就占据了5家。

盈利模式的创新：和其他手机厂商比，小米将硬件、软件、平台三者打通，在每个方面都掌握自己独有的优势，这样，它就可以做到在硬件上不赚钱，然后通过软件和平台赚钱的方式盈利。

产品的创新：小米MIUI的出现，让Android这个外来系统真正本地化，适应了中国市场，使国产安卓手机在易用性方面达到了很高的水平。

另外，小米在组织架构、新零售布局、口碑营销、粉丝经济、运营管理、全球化战略等多个侧面都有令人耳目一新的创新举措，这一切都是小米能够取得辉煌成绩的保证。

技术的创新：在人工智能、设计、品质提升等技术方面，小米也交出了不俗的答卷。

可以说，在大家公认的七种创新领域：思维创新、产品（服务）创新、技术创新、组织与制度创新、管理创新、营销创新、文化创新方面，小米几乎都有建树。

可以说，小米的发展壮大离不开创新，就如2019年4月雷军在清华演讲时所总结的：小米奇迹的背后是因为创新驱动。

但是，我们也要对创新有一个清醒的认识。

首先，不是几个人做一个新工具，优化一下工艺流程，就是创新。这充其量只能是"革新"。创新依赖的是群体智慧，它具有把多种能力集中起来，充分加以运用的综合性特点，打破以往模式和框架的独创性特点；能够推广应用的实用性特点。要实现创新，就必须具备能够激发群体智慧的开放性土壤。雷军认为只有两件事叫创新：一是别人没有做过的事情，二是做别人做过了却失败了的事情。

其次，创新需要持续投入。创新是建立在巨额投入基础之上的成果，企业创新需要长期持续投入；需要有一个面向未来的长期方向；需要存在于企业的各个环节。而且，创新需要投入的远不止金钱。

第三，也是最重要的一点，就是并不是所有的创新都能成功。相反，几乎是所有的创新都不会成功。这一点，雷军也有非常清醒地认识："这样的事情（创新）肯定不好做，这样的事情做的结果99%是输，我们国家鼓励创新，我们每个人要创新，但是一定要意识到创新的结果是绝大部分都会输。"纵观小米的诸多创新举措，比如在初期，小米实行了先做rom再做硬件的模式创新，取得了成功，得到了很多后起手机厂商的借鉴；在小米note1上使用曲面玻璃后盖，大获成功；开发MIUI，在安卓系统上实现了诸多便利功能，在国内领先，引领了时代风潮，对小米手机功不可没。还有很多创新举措，如自研芯片、陶瓷后盖、超声波指纹等以惨败收场。

第四，创新能不能转化为生产力，能不能对企业形成引领驱动，有时候真的难以预料。比如小米推出的 Mix 一代全面屏，众口称赞，并且引领了后来的手机设计潮流，但是在商业上却没有成功，赔本赚吆喝；再比如高性价比路线，也很难说成功。所以说，一种创新举措出来，能不能被市场、消费者所接受，是根本无法预测的。这也需要企业管理层，特别是掌舵者对市场、消费者、自身产品等有敏锐的洞察力。

此外，对于小米来说，创新还任重而道远。比如小米2019年7月的股价表现，相比刚上市（2018年7月）时几乎腰斩，很大原因是投资者不认可小米的定位，小米自认是一个互联网公司，但是投资者更愿意把它看作电子消费品公司。因为投资者认为小米没有自身的核心创新产品：所有的硬件来自外部；软件有所创新但是现在却被其他厂商赶上；一直追求的"极致性价比"现在也不再出彩。

因此说，增强创新能力，打造自身核心竞争力，不只是小米，对于我们每个人、每家企业都是一个重要课题。

创新融合成长：5G 和物联网

2019 年的 1 月 24 日，小米最新推出了首台双折叠屏手机。这台手机一经问世就引起了业内的巨大反响，用户都在评论，说小米做到了，它是我心中最酷的公司。对此，雷军的回复是，"酷的本质是创新，一直流淌在小米的血液之中"。

八年，小米从诞生那一天起就在开创一个又一个先河，这短短八年中取得的突破没有一次是轻轻松松得来的，虽然它们很难用经济学和管理学的理论去解释，但这也在证明着小米无论是技术、模式还是文化上的创新都远超大家的想象。

与时俱进，推陈出新，真正的创新需要不断补充新的血液。雷军认为，小米之所以能够不断创新，主要因为以下几点：创新源于热爱、创新源于精益求精、创新源于和用户交朋友。但没有不需要巨大付出的创新，也没有不需要经历挫折和质疑就成长起来的小米，所以小米的创新还应该是源于与时俱进。

2019 年伊始，雷军在小米的年会上宣布，小米将正式启动"手机 + AIoT"双引擎战略，作为小米未来五年的核心战略。

对于小米，未来就是 5G 的春天。雷军表示，"我更看好是 5G + AI + IoT，我认为这是下一代超级互联网，能够把所有的东西连起来。小米五年多前开始做物联网，现在做到世界第一了，但是这个领域会继续加速。去年年底小米定了未来十年战略是'手机 + AIoT'双引擎，我们承诺在未来五年里面投资 100 个亿在 AIoT"。

手机如何融合 5G 和物联网？小米将具体做出什么样的改变？对此，雷军作为企业代表在《关于布局 5G 应用、推动物联网创新发展的建议》给出了一些更加具有实践性意义的说明。

5G 物联网应用的前景是非常广阔的。到 2025 年，中国物联网连接数将达到 53.8 亿，其中 5G 物联网连接数将达到 39.3 亿。而物联网应用场景十分广泛，可以为制造业、农业、医疗、安全等行业带来新的机遇。

从工业、农业、交通和医疗四个维度，雷军提出了物联网发展的路径和方向：加速工业物联网应用，助力工厂智能化转型；发展智慧农业，助推"乡村振兴"战略实施；发展无人驾驶与车联网，提高交通智能化程度；普及医疗物联网应用，助力"健康中国"建设。对于可能成为 5G 应用引爆点的无人驾驶和车联网，雷军建议国家研究、制定和出台关于智能交通的中长期发展目标，制定相应的法律法规和行业标准支持产业发展。

诚然，5G 物联网还处于一个早期阶段，产品与商业模式都仍于探索中，但"AI + IoT + 5G"战略计划的提出，相信会让小米的路走得更稳。

之前雷军在演讲中表示，焦虑的小米找到了"AI + 物联网 + 5G"的路。

第六章
创新风险高，但不创新就会死

对于 5G，小米一直在摸索前行。在 5G 研发方面，2019 年 2 月份小米在巴塞罗那世界移动通信大会（简称：MWC）上发布了第一部 5G 手机 MIX3 5G，成为全球屈指可数的 5G 商用手机制造商。

近几年来，关于 5G 技术的应用，小米一直在寻找自己的方向。

2016 年，小米在国际通信标准化组织 3GPP 尚未开始讨论 5G 标准之时就成立了预研团队，提前对 5G 标准展开了全面、深入的研究工作。相关技术团队经过多次讨论，最终提供了修改方案，小米正式进入 5G 应用领域的研究。

2017 年，小米与中国移动、高通开展战略合作，开始小米 5G 手机的设计研发工作。经过多方的不懈努力，搭载高通骁龙 X50 平台的小米 5G 工程机打通了毫米波与数据链路连接的关键技术。至此，小米成为为数不多，完成 5G 毫米波测速的终端厂商之一。

2018 年，小米在 2018 中国移动合作伙伴大会上首次展出旗下首款 5G 手机——小米 MIX3 5G 版。

2019 年，小米在世界移动通信大会上发布了旗下首款 5G 手机——小米 MIX3 5G 版。小米成为全球屈指可数的首批商用 5G 手机厂商之一。

不仅仅是 5G 技术的应用，小米近几年也一直在物联网方面加大布局，事实上，除了大众所熟知的小米生态之外，在通信领域、物联网平台方面都有其身影。

目前，小米已经连接了 1.15 亿的消费类设备，是目前最大的消费类 IoT 平台。雷军表示，小米拥有海量的设备和数据，想要在人工智能时代立足，"小米的突破口就是 AI + IoT，特别是 5G 的到来"。未来数以百亿级的设备，会让小米充分发挥自身优势，抓住时代的机遇。

物联网是继互联网、移动互联网之后，新一代的产业发展方向。5G 是为新的消费类 IoT 平台提供更为强大的功能支持的工具。有了 5G 技术的 IoT 平台将继续在创新发展的路上继续前行。

· 135 ·

或许我们可以畅想一下雷军所描述的万物互联的时代，"不仅仅是设备上，可能每个空间每个屋子里都会有这样或者那样的系统，它会无所不在，它能解决掉生活中的所有问题。"这也就意味着未来所有家庭里的设备都将互联互通，能够用语音来进行交互，AIoT的平台网络将贯穿人们生活的分分秒秒、角角落落的场景，集结海量的用户、流量和数据。当然，我们相信未来的小米一定能够完成这样的改变。

力推小米5G手机，紧跟时代潮流

2019年可以说是5G元年，各大手机厂商纷纷发布自己的5G手机。随着5G时代的加速到来，快速、高效的手机网络体验离大家越来越近了。雷军感慨地说，没有办法用语言来形容5G给人带来的震撼感受。

9月24日，雷军在小米科技园发布了公司生产的第一款5G手机小米9 Pro，售价3699元起，9月27日正式开卖。

雷军一上台就表达了小米公司入驻新园区，成为世界五百强所带来的欣喜。他还说，网上关于小米的黑稿太多，这一次他要好好宣传宣传，为小米手机吹一波。

小米推出的这一款5G手机搭载骁龙855Plus处理器，后置三摄4800万主摄+1600万广角+1200万长焦，使用的是4000mAh电池，运行内存为12G，手机存储为512G，充电器有三种，包括40W有线闪充、30W无线闪充、10W无线反充。30W无线闪充的售价只需199元，而雷军在介绍10W无线反充时开玩笑地说道："看看我们是怎么把友商按地上摩擦的。"根据小米的实验测试结果可知，小米9 Pro 5G的待机时间非常长久，在重度使用7小时以后，还可以剩余21%的电量。

雷军还说到，5G旗舰级手机都使用VC液冷，小米特意制作了L型VC均热板，散热面积多达1127 mm。

说到 5G，大家最关心的是其网络速度。根据小米手机的实验室测试结果，小米 9 Pro 5G 的网速比小米 9 4G 快了十倍，100 首歌曲只用 3 秒钟就可以下载完毕。雷军为了向大家证明自己说的话，向观众展示了小米新园区的 5G 网速测试截图，从中可以看出，园区内 5G 网络下载速度超快，达到 145MB/s，只有 17 毫秒的延迟。

在外观设计上，小米 9 Pro 与小米 9 系列差不太多，正面是 6.39 英寸的水滴屏，AMOLED 材质，手机背部使用的是雾面磨砂玻璃，新增加了两款颜色，分别是梦幻白和钛银黑。梦幻白还被雷军形容为"五彩斑斓的白"。

对于如此优秀的设计，研发成本非常高，售价肯定不会与 4G 版本一样，而令雷军非常苦恼的是，网络水军提前发出不实消息，说小米这次发布的手机肯定与 4G 手机的价格相同。

雷军在发布会上公布了小米 9 Pro 5G 的价格：8G + 128G 的售价为 3699 元，8G + 256G 的售价为 3799 元，12G + 256G 的售价为 4099 元，12G + 512G 的售价为 4299 元。

在雷军看来，小米手机的这个价格体现了公司的诚意，可以让更多的人体验到 5G 的魅力，而且小米公司还推出了六期免息和以旧换新等销售方式，能够进一步降低消费者的购买门槛。

在这场发布会上，雷军还推出了另一款 5G 手机——小米 MIX Alpha 5G 概念手机。这款手机除了支持 5G 信号以外，其外观设计也极具科技感，前、后及侧面都有屏幕，是屏占比达 180.6% 的环绕屏。从正面看，这款概念手机几乎是 100% 的全面屏，没有任何刘海、水滴、挖孔等多余设置，给人的感觉就像是握着一整块儿玻璃，十分畅爽。这块屏幕从正面一直延伸到背部，在侧面形成了几乎成 90°的瀑布屏效果。从背面看，屏幕也覆盖了大部分区域，只在靠边部分留下一小部分空位来安置三个摄像头和闪光灯。现场观众一看到这款手机就不禁拍手叫好，大呼惊艳。

当然，小米MIX概念手机也存在很多缺陷，比如环绕屏对手机散热产生了一定影响，而主副屏的布局让软件的画面显示比较困难，因为软件需要具备自动分割屏幕、以最佳比例显示画面的能力。正如雷军所说，团队在研发上花功夫最多的就是环绕屏的操控问题。尽管如此，这款手机仍然是一款具有未来感的智能手机。

可以想见，如此不同凡响的一款手机并非那么容易诞生出来的，据雷军所说，所有供应商的技术都不支持他们做这样的一个产品，他们每生产一百台，或许只有一台能够使用。雷军说，小米MIX概念手机的使命就是要不惜一切代价，做出一款真正具有颠覆性的产品，所以在一开始无法做到大规模量产。

雷军特别强调，中国的科技公司应当有探索的使命感，敢于进入未知的区域，走别人没有走过的路，而小米公司就是朝着这个目标前进，要做米粉心中最酷的公司。

第七章

因为"米粉",所以小米

在"粉丝经济"盛行的今天,小米也拥有了属于自己的粉丝群体——"米粉"。"米粉"对于小米而言是不可或缺的存在,小米所做的一切产品和服务都是基于"米粉"而设立的。用户和企业永远脱不开关系,用户是销量的保证,是口碑的传播者,更是企业发展的"王牌"。小米的成功离不开"米粉"的支持,打好群众基础对于一个企业而言,永远有效。

2999 还是 3000？他想了一个小时

2015 年 1 月，小米举行了旗舰新品发布会，在发布会上小米 note 旗舰版亮相。小米 note 旗舰版在问世以后还经历了降价的波折，五个月后从 3299 元的定价直降到 2999 元，还没有发布就降价的现象在手机行业里算是个案了。

不管有多少争议，小米 note 旗舰版都是小米从中低端手机市场迈向高端市场的重要一步。在旗舰版降价再定价的问题上，雷军曾经"摇摆不定"，到底是应该卖 3000 还是卖 2999，让他纠结不已。

这款小米的旗舰产品，配置绝对的华丽，且对于小米来说，是将手机从 2000 元价位向 3000 元价位冲击的关键性产品。在价格公布的前一夜，有一个人睡不着觉了，他就是雷军。小米 note 顶配版到底应该卖 2999 元还是 3000 元？小米的用户到底能不能接受这个价位？这些问题他想了整整一夜，最后打了六个电话，跟公司的高层都商量了一遍才做出决定。

手机最初定价 3299 元，从问世到首发的时间里，一波手机厂商已经做好了战略调整，要在国内的手机市场占据一块地盘，这其中最为突出的就是华硕了，这大概就是小米突然降价的主要原因。

但是具体定多少钱，雷军心里也没底，为了把手机的价格降到最低，雷军和所有的手机供货商进行了谈判，还和公司高层在一起讨论怎样定价才能更接近成本。虽说 2999 和 3000 只差了一块钱，但是这一块钱的意义是不一样的，2999 元是一种高性价比的市场，3000 元则代表的是高端手机，经过多方考虑，雷军最终选择了高性价比。

另外小米 note 顶配版也首次采用了线下销售的方式，首发放在了小米之家，大家都知道小米之家其实是服务点，并不是专门销售手机的营业点，而且小米的手机一向是采取线上销售的模式，顶配版的线下销售让很多人都摸不着头脑。对此，雷军是这样解释的："2999元的价格并不算便宜，如果不让'摸一下'，用户的购买欲望会降低很多。"的确是这样，2999元的价格对于大多数人来说，属于一笔不小的开支，如果没有亲身体验到手机的性能，是很难下手购买的。

此时，小米走的是电商路线，一向是采用线上销售，没有开设像苹果手机一样的大型体验店。目前为止，线上销售的模式并没有出现什么问题，所以小米仍然会以线上销售为主，运营商和线下进行辅助工作。

但是这并不代表雷军会放弃线下销售的渠道，到底要不要在线下开设零售店，这个问题雷军虽然纠结了很久，但从2015年后半年到2016年，一些发展很好的线上品牌纷纷开启线下模式，包括韩都衣舍、三只松鼠等，小米也跟随大潮进入了线下。这些都是我们耳熟能详的线上大咖，在互联网红翻天的时候，却向线下进军，为什么？

因为当大家的产品都足够好的时候，消费者就会出现选择纠结的状态，这个时候产品的服务和体验是非常重要的，互联网的销售模式再好，渠道平台再好，也不会成为一种优势。

智能手机的市场规模发展到现在，已经到了一个饱和期，手机市场涌入了太多的手机厂商。电商的模式固然好，但显然已经过了其红利期，多一个渠道多一条路，在线下铺设渠道才是聪明之举。

风险经济学中有一句话："鸡蛋不能放在一个篮子里。"线上线下的渠道并用，也许是更稳妥的做法。近年来，线下的成本开始降低，所以正是进军线下销售的好时机，互联网只是一个平台，并不是商业的本质。当人们对线上的图片产生审美疲劳的时候，线下的商品体验店就能发挥很大的作用，线上和线下有机结合起来，或许是最好的选择。

服务和体验在现实中会更好施展，归根究底，终极的支撑点还是产品的质量。只有产品好，品牌口碑、服务体验、销售渠道才能够发展更好，产品不好，一切都是白搭。

最好的产品就是最好的营销

在央视的"年度经济人物"颁奖典礼上，马云评价雷军，他只说了两个字：营销。意思是小米是靠营销成功的，但雷军认为小米的核心是产品，并不是营销。

在雷军看来，互联网思维最终的根都会落在产品本身。只有产品强大了，才能够支撑企业的发展，反过来企业的发展会支持产品变得更强大，两者的作用是相互的。企业就像一棵树，产品就像树根，用养料是为了滋养树木的生长，如果树木的根腐朽了，那么这棵树也命不久矣。一样的道理，产品如果不好，哪怕你用最好的渠道和营销手段来推销产品，消费者也是不会买账的。

你若盛开，蝴蝶自来。这八个字其实是讲了一个小故事：有一个人很喜欢蝴蝶，为了得到美丽的蝴蝶，他特意去买了一个捕蝴蝶的网和一双跑步鞋，然后他穿着跑鞋拿着网去追逐蝴蝶了。累得气喘吁吁，才抓到了几只，并且这几只蝴蝶在网里拼命挣扎，一有机会就逃脱飞走了。

另外也有一个人非常喜欢蝴蝶，他的做法和第一个人不同，他去买了几盆鲜花放在窗台上，然后就什么也不做，静静坐在沙发上品茶，欣赏着被鲜花吸引而来的蝴蝶翩翩起舞，心情轻松舒畅。

同样是想要欣赏蝴蝶的美丽，方法不一样，产生的结果就不一样。他们两个人最大的区别就在于，前者只是一味地追求，而后者是把蝴蝶吸引过来。

就像产品一样，如果你只是一味地宣传和推广，而忽视了产品本身的提升，那么消费者也不会买账。如果换一种方式，把产品做好了，做到了极致，自然就会吸引到用户。

第七章
因为"米粉",所以小米

对于小米的产品,雷军是非常有自信的。每当和别人谈到小米的产品时,雷军就会不由自主地提高音量,身体微微前倾,这些细微的变化,表示了他对自家产品的兴趣和信心。

遇到采访和交流活动时,雷军也常会拿出小米的产品给大家展示,这种感觉就像是一个小孩子向别人展示自己的宝贝玩具一样。而且雷军还会向大家展示手机、小米盒子、路由器等等产品,小心地打开外包装,如数家珍般地介绍产品的优点和特色。

一个对自家的产品极为重视的人,没有理由不把产品做好。小米一直在强调把产品做到极致。酒香不怕巷子深,这里的酒香就可以代指好的产品,产品永远都是营销的基石,好广告并不能改变烂产品,所以营销一定是要以产品为出发点和落脚点,否则,营销一旦脱离了产品本身就是一座空中楼阁,没有根基。

好房子是要建立在坚固的石基上,而不是建在松软的沙土上。好的营销手段也要建立在好产品的基础之上,最重要的就是要先把握好用户的需求,然后努力把产品做到最好。一个产品要想做好营销,主要是看产品的质量,在质量同等的条件下,才是营销的较量。

2015年11月24日,小米的冬季新品发布会上,雷军在接受记者采访时说:"小米以后要放下心魔,回归初衷,不再一味地为卫冕而战。"而小米的初衷就是专注于做好产品。

这次的发布会,没有友商之战,没有跑分的比较,这大概是小米走向成熟的一个标志。雷军甚至反省了小米以前的心态是否有些扭曲,总是为了卫冕而战,觉得这并不是小米的初衷。小米现在应该回归初心了,做极致的产品。关注友商并没有什么价值,什么也改变不了,只有真正把事情做好、把产品做好才是实实在在的。

小米接下来要做的,除了要把产品做得更好外,还要保持高性价比,小米的手机便宜,并不代表产品不好。这是雷军受到美国 Costco 的启发,小米的产品就是要做到优质,而且便宜。

这次发布会上,雷军说起大家期待已久的小米5,难掩自豪地说:小米5很好用,而且自己也在用。小米手机的研发周期很长,雷军说因为这样才能使得细节问题更完善。

小细节看似不起眼,实际上展现出来的效果却不错,会让客户很暖心。只有好的产品和体验才能打动人心。在"新国货"这个概念还没有流行起来的时候,国货总是和"烂"这个字捆绑在一起,所以前几年的小米发展得很艰难,花了大把的时间和精力放在营销和建立渠道上。但是现如今的国货显然已经是今非昔比了。

"饥饿营销"是个伪命题

小米打进国产手机市场以后,经常因为手机卖得过快、消费者抢不到而上热搜。渐渐地,小米搞"饥饿营销"的言论就传播开了。

饥饿营销,解释起来就是厂商人为制造出"供不应求"的假象来迷惑消费者,让消费者以为这款产品十分畅销和流行,从而争相购买。小米成功之后一直背负着这个负面的名声,无从辩解。

对于这样的言论,雷军自然是不能忍受的,他多次强调说小米不是饥饿营销,而是产能不足。对于外界给小米头上扣的"饥饿营销""期货"等帽子,雷军也很委屈。

事实上"饥饿营销"是一个伪命题,雷军认为有货却压着不卖的行为是不符合商业逻辑的,经常性的断货会给消费者带来不好的体验。而对于以用户体验至上的小米而言,这的确不会是一个好的选择。更何况,从小米的供货周期来看也是不符合逻辑的,一般情况下,小米的供货周期是三至四个月,这就意味着,在手机出厂前四个月左右,小米就会把费用支付给上游的供货商。那么手机出厂后,当然是越快销售出去就能越快缓解资金压力。

那么是否真的像雷军说的那样小米是产能不足呢？产能是整个手机行业都必须直面的问题，如果企业真的是产能不足，那么就不能简单粗暴地定义为"饥饿营销"了。苹果也被说成是"饥饿营销"，事实上，像苹果这类中高端的产品，在前期很容易会发生产能不足的现象，像蓝宝石玻璃等材料十分稀缺，且工艺的要求也很高，除此之外，产能跟工人的操作熟练度的关系更是分不开，如果工人的熟练度不够，直接导致的就是良品率降低，这些因素加起来很容易出现产能不足的情况。

而小米主要就是因为当时CPU的供应商高通的产能有限，而出现了限量或是断货的情况。就像雷军说的，有货不发不符合商业逻辑，电子产品属于快消品，不像白酒存放的越久价值越高。电子产品的市场变化很快，如果盲目存货可能会导致产品贬值，每年因为存货售卖不出去而倒闭的公司不在少数。

小米的手机价格偏低，前期在开发、技术方面的投入很高，如果不尽快把货销售出去，积压在库的话，谁也不能保证以后会发生什么。既然提高销量能快速地把前期投入的钱赚回来，那么小米没有理由进行"饥饿营销"。

其实，不管是怎样的营销手段，都不是小米成功的"秘诀"，因为产品好不好，消费者有自己的判断，消费者觉得值就会购买。如果产品本身做得不好，那么就算营销手段再高明，也没有用。谁也不傻，消费者不会只听厂商的一面之词。所以作为手机制造商，应该把目光放在做好产品和用户体验上面。

对于企业来说，每一款产品面世以后，第一时间的想法就是如何努力地把产品卖出去，而不是去想什么"饥饿营销"。因为产品究竟能达到多少的销量，没有人能预测到，所以谁也不敢冒险去赌公司能卖多少产品。能卖出多少产品不是企业说了算的，销量完全是由消费者来决定的，企业永远不能保证所有的消费者都来买你的产品,如果说饥饿营销是一件高风险的事情,那么谁会傻到那样做呢?

手机不同于其他产品,对电子产品来说,时间是非常重要的,因为它的生命周期较短,所以发布期就是最好的销售期。况且产能是不可控的因素之一,一个手机的产生,要经过的程序很多,开发、设计、制造、运输、销售等等,复杂的环节让手机生产的周期变长,而且销量又是不能预测的,要是想等着产品销售火爆之后再补充生产,恐怕等这些产品生产出来,消费者的购买热度早已降下去了。

所以"饥饿营销"本身就是一个伪命题。

参与感是新营销的灵魂

企业的发展离不开营销,而随着经济的不断增长,营销模式也在不断地创新。小米的营销做得十分成功,它也一直充当着业内"模范生"的角色。

小米的营销是一种新型的模式,不同于传统营销。小米的营销方式主要在于参与感,在这个"粉丝经济"时代,不仅仅是明星拥有粉丝,更多的行业名人也成了"被粉"的对象。

如今小米也是拥有一众粉丝的大品牌了,这和其与时俱进的营销模式有关。小米的营销模式彻底摆脱了过去的模板,重新开辟了一片新天地。参与感是新营销模式的重头戏,用户是粉丝给的,所以参与感应该归还于粉丝。粉丝的力量绝对不容小觑,虽然每个粉丝的消费数额或许不大,但是一个粉丝群体加起来的消费力度是巨大的。

参与感听起来是一个很模糊的概念,但简单点说就是想办法让用户都参与产品的设计、研发和销售等环节。小米的聪明之处就在于合理地运用传播渠道,比如微博、微信、空间、论坛等。

小米选择自己的论坛是经过了慎重考量的，由于小米做的是电子产品，其中涉及的技术问题很多，微博等其他传播方式可以达到快速传播的效果，但难以把产品信息完整地呈现出来。而论坛是一个可以沉淀信息的地方，所以它更适合做小米产品信息的传播渠道。

小米论坛也并没有让大家失望，"米粉"们在论坛上活跃互动，不是因为这个论坛有多强大，而是小米论坛对他们的吸引力。就像一个人们常说的例子，化妆品、服装等话题足以让女人们成为无话不谈的朋友。论坛就是这样一个神奇的地方，"米粉"们在这里可以遇见有共同话题的朋友，有话题就会有互动，这就是凝聚力的一个表现，大家都参与进来一起谈论自己感兴趣的话题时，相互之间就会产生感情。

除了让大家有共同的话题外，小米还时常举办活动让用户参与进来。比如小米和金道一起举办的公益活动"橙色跑"，"橙色跑"的主题是为爱奔跑，活动中参赛的选手每跑完10公里，金道集团就会通过深圳的狮子会向西藏的白内障儿童患者捐赠500元现金，总金额不少于15万元。

活动健康有益，又能够吸引大家前来参加，不知不觉中，就形成了小米自己的凝聚力。这样的活动一旦形成了一定的规模，小米的品牌形象便会和公益、健康等字眼联系起来，对小米的品牌建设好处多多，不仅能增加"米粉"的参与感，还能提升品牌形象，一举两得。

小米能够从一个小公司一步一步走到今天，拥有现在的成绩，绝不是偶然或是运气。是因为小米始终都和用户站在一起。用户是小米的重点，小米在创业之初，不打广告、不设实体店，这些中间环节省下来的钱，就用在更好地服务用户上。

省去了中间环节的高额费用，小米就可以把省下来的资金用在消费者体验上。而这部分资金将通过网络实现，公益活动也好，大型同城会也好，用舆论和话题为小米造势，营销活动只是一种手段，却不是最终目的，小米的目的是让用户都参与进来。

小米的初心就是和用户一起做手机，小米是一家开放的互联网化企业。小米重视用户的感受，是因为用户的参与非常重要。论坛就像是他们的革命根据地，每天都会有人在上面交流和分享，而他们面对面的互动就是小米每年举办的一些线下活动。

互联网的传播速度很快，但是有一个弊端就是无论好事坏事都会迅速传播，因为产品的口碑形成也非常迅速。这个口碑是用户在产品的使用过程中有了满足感和舒适感才会对产品形成口碑，而口碑会被用户口口相传。

小米在用户中赢得口碑，不仅仅是靠好的产品，跟用户的互动以及良好的服务也赢得了很多客户的心，跟用户成为朋友听起来就是个很酷的点子，能做到这点的企业却是寥寥无几。用户的参与感直接带出的就是凝聚力，一个企业的凝聚力加上用户粉丝群体的凝聚力，力量是无穷大的。

雷军常说小米就像是一个家的存在，线下的体验店也起名叫"小米之家"，家的理念就是凝聚。在家里，每个家庭成员都拥有家庭里的大小事情的参与权和决定权，小米也是这样，不仅员工会参与到产品中来，用户一样可以参与进来。当一个产品凝聚了很多人的心血时，它就会变得无比宝贵。

小米的用户理念和互联网思维是相契合的，在互联网的世界里，人人都有话语权。同样的，在小米，每个用户都可以参与到关于产品的讨论中来。重视产品、重视服务、重视用户的参与感才是现今营销的灵魂要点。

口碑源于超预期

雷军著名的七字方针：专注、极致、口碑、快。其中口碑是当今互联网时代最核心的问题，产品品质是好口碑的来源，而产品品质最重要的是要超出消费者的预期，比他们想象中的还要好，这个时候口碑自然而然就形成了。

口碑的解释说起来很简单，就是产品好了，消费者满意了，就形成了口口相传的传播方式，品牌就会在不知不觉中宣传出去。说白了，口碑就是通过人与人之间的信任和交往相互传播。

既然是通过消费者口口相传式的传播，就一定具有不可控因素，用户对产品的评价和体验是企业所不能左右的，企业唯一能做好的，就是把产品做好、服务做好，让用户主动传播企业产品和服务的好的信息。

口碑最大的好处就是可信度较高，相比起各种花尽心思的广告而言，人们还是更愿意相信身边熟悉的人的产品体验，口碑营销对于一个企业来说是最重要的也是最简单有效的营销方式。

不要小看人与人之间的口碑传播，众口铄金的力量是巨大的，好的口碑不仅仅会给企业品牌带来好的形象，更会为企业赢得更多的利润。

口碑之所这么重要，就是因为社会舆论的力量是很大的，在互联网如此发达的今天，舆论可以压倒一个人，也可以压垮一个产品。人们总是习惯性的用耳朵去辨别事情的好坏：听说这个产品有多好，听说这个产品有多不好。

"听说"的力量很大，如果一个产品的口碑不好，即使没有用过这个产品的人，一个"听说"就是对这个产品最致命的打击，那么这个人非但不会买这款产品，还可能会把不好的信息继续传播下去。因为人们不会花太多的时间和精力去考证他们听到的话是否真实，市场上同种类型的产品很多，这个产品口碑不好，去买口碑好的就行了，没有人会在舆论真实性的问题上过多纠结，这就是现实。

企业的发展和产品的销售都离不开口碑的助力，如此，为企业、为产品树立一个良好的口碑便至关重要。然而口碑是一个"慢性子"，越是着急越是行不通，口碑需要经过日积月累的沉淀。企业无法掌控别人的思想，因为人人心中都横着一杆秤，能做的只有尽力做到最好，用实际行动去征服消费者的心。

如何征服是一个问题。首先最根本的就是产品的本身要好，如果产品不好，再好的宣传都挽救不了形象，用户不会只听商家的吹嘘，实际体验才是他们做出决策的重要因素。

要用过硬的产品质量去征服用户，而不是五花八门的噱头和吹嘘，因为有话说：希望越大，失望越大。在一开始就给用户很高的期许，不是一个明智的选择，当人们怀着满心的期待接受这个产品，却发现前面的许诺不真实时，那么这个产品本身好的部分也会被否定，最终将会得不偿失。反过来，如果最终呈现给用户的是超预期的体验，用户感到了惊喜和满足，自然会给予好评。

超预期是给惊喜，是消费者在拿到产品或是使用产品时所感受到的超出预想的体验。如果提前给消费者发送太多的"糖衣炮弹"，会让消费者心中形成产品的"第一印象"，等到真正拿到或使用产品时，就会有一种与自己想象中的不一样、上当受骗的感觉。这样可能导致的结果就是口碑急剧下滑，甚至影响产品销量。

很多人听到超预期这个词就会望而却步，因为觉得超预期需要付出很大成本。但其实并不是这样，超预期并不需要付出很大的代价，也不需要投入很大的资产，一些小事就可以达到超预期的效果，我们要学会花小钱办大事。

良好的服务不需要耗费太大的成本，做推广或广告或许会产生高额的费用，但是服务不需要耗费太多的物力财力，关键是要用心。良好的服务非但不会增加成本，还能省下一大笔宣传推广的费用。

有人说："口碑营销就是打感情牌"，其实也可以这么说。市面上的同种类产品大部分都大同小异，很难看出明显的差异。如果你去买东西，两家同样质量的产品，你是更愿意去服务态度好的那家还是差的那家，正常人都会选择前者吧。比如日常生活中最普通的买菜，如果在买菜的时候，每次菜贩都会送你几根香葱或者香菜，恐怕下次再去买菜的时候，就会寻着这家去了，不是为了那几根葱，而是因为菜贩超预期的服务给你留下了良好的印象。

举了这么多通俗的例子，就是为了证明口碑源于超预期是一个简单且容易理解的道理，其实是一个非常人性化的理念，对待用户用心用意，用户自然能感受到，他就愿意把你的品牌宣扬出去，这就形成了口碑。

低毛利、高效率是王道

除了超预期的服务，小米的另一个营销策略就是产品的超高性价比，这两个词并不常常被联系在一起，但是小米却做到了两样都占。

要实现价格低、高性价比不是一件容易事，因为一个产品从生产到出品，整个过程中消耗的成本是很多的，为了实现这个策略，小米选择了节约成本的办法。乍一听节约成本，人们就会不由自主地想到偷工减料，的确，有一些企业不惜偷工减料节约成本以达到产品低价的目的。有些厂商这样做虽然能达到低价的效果，但却违背了高性价比的初衷。

小米不从产品本身去节约成本，而是从中间环节下手。一般手机厂商手机生产出来后，经过经销商、代理商再到商城的层层利润的提升后，最后到市面上的价格自然比较高，中间环节越多，产品的价格就越高，有的产品经过层层加价后会比出厂价高出 50% 之多。

小米从一开始就把自己做成电商的模式，就是为了节约中间成本，这样就能达到高性价比、低价格的目的。而知道这样做的，小米并不是第一家，比如小米的榜样企业沃尔玛和 Costco。

沃尔玛作为零售业的奇迹，其创始人山姆·沃尔顿是美国家喻户晓的传奇人物，从最初一间小小的特价商店，做成现在全球闻名的连锁超市。

先不去深究这中间经历了怎样的转变，就说沃尔玛一直坚守信奉的原则中的其中几条：控制成本低于竞争对手；尊重个人、服务消费者、追求卓越；超越消费者的期望，他们就会一再光临。

沃尔玛比一般的商场大不了多少，商品的质量绝对没话说。它的魅力就在于其低价经营策略，沃尔玛会想办法节约成本，从行政开支、收发货渠道和营销推广的费用上节流，尽量节省中间环节的费用，但并不包括产品本身的节流。节省中间环节的资金，努力实现比竞争对手更加优惠的价格。正因为如此，沃尔玛才能顺理成章地打出"天天平价，始终如一"的口号。

在几十年前，山姆发现在美国零售行业的毛利率竟然高达45%，山姆就在想，自己能不能不要赚这么多，只做22%的毛利率，这样就能大大提高销量。但这时还有一个问题就是，降低了毛利率，可能会面临不赚钱的困境，毕竟中间环节的成本也是很高的。

山姆想了很久，最终决定把沃尔玛开在市区以外的一个旧仓库里，把所有的中间环节成本都降到最低，这样即使毛利率很低，也能赚到钱。而且虽然距离市区较远，但是因为价格实在是太诱人了，所以人们仍然愿意开车到这里买东西。

除了成本问题，效率也是很多企业面临的棘手问题。沃尔玛仅用了几十年就做到了世界第一，这就是它的高效率。沃尔玛仅次于美国军方的优质电脑系统，能够迅速查验出进出货的产品，当商品处于缺货状态时，系统就会自动发出信号。这样就能够及时提醒总部进货。还能帮助公司掌握市场需求和销售情况，减少了存货、积货的风险，加快资金运转速度，以便能够更高效地运作。

在沃尔玛成为全球第一的零售企业的时候，Costco才刚刚成立。如今的Costco已经是全球第二的零售企业，而且成为沃尔玛主要的竞争对手。沃尔玛22%的毛利率，在业内已经算低的，而Costco竟低到10%左右，这也是 Costco 能在短时间内迅速崛起的重要原因之一。

这么低的毛利率，扣除一些中间环节产生的成本费用，Costco 在赚什么钱？事实上，Costco 是一家仓储式会员制超市，每年会收取会员费，尽管如此，高质低价的诱惑力让消费者忘却了会员费的支出，在 2014 年的时候，Costco 的付费会员竟然达到 4200 万之多，而且会员续费率更是高达 91%。

除了低价，Cosrco 的商品也是经过仔细筛选的，不同于沃尔玛，Costco 的商品秉持着"优而精"的原则，同类型的商品只挑选其中两三个品牌，且保证这些品牌的质量尽量是最好的，其中不乏 Costco 的自有品牌。因此，在很多人的心目中，Costco 就是商品质量的代名词。

人们每年自愿为 Costco 付出不算低的会员费，就不难理解了，无非是因为价格的冲击、极致的价格以及超预期的服务。

雷军曾毫不掩饰地表达出对这两个前辈企业的推崇，可以说，沃尔玛和 Costco 在业内已经被列为榜样式的领军企业，这离不开低毛利和高效率的功劳。

回过头再看看小米，就会发现，小米已经做到了低毛利，最初开始做手机的时候，几乎是没有什么毛利的，在这种情况下，控制成本变得至关重要，小米把公司的整体运营成本控制在 5% 甚至更少。

从沃尔玛和 Costco 身上可以学到，低毛利是王道，但只有低毛利是远远不够的，还要有高效率。除了控制成本，小米的行动还体现在简单和精，首先是员工的精简，小米刚成立时，只有十几个人组成的工作室。人不需要雇佣很多，做的事情也不要太多、太复杂，少而精确才能把事情做好。

简单就是小米模式的精髓部分，把复杂的事情转化成简单，然后再专注于极致，追求高效率。因为毛利低，就可能面临着赔钱，一定要提高效率。事在人为，效率跟员工的素质也有很大的关系，提高效率不代表要从员工身上压榨，而是在选贤任能的时候就要精挑细选，选择最合适最好的人才。就像雷军最初创立小米时，那时候的雷军面对手机行业的陌生，他并没有凑合了事，在找人问题上他并不将就，小米的初创人员全是各界的顶尖人物，高素质的人才能够带领企业更好地发展。

在用人方面，雷军是精选精选再精选。好的员工是一个企业的宝贵资产，特别是对于需要高效率运行的小米公司而言，雷军曾规定，公司招进来的前两三百人，必须要有十年以上的工作经验。听起来这个要求好像有点苛刻，其实不然，对于小米这样的初创公司来说，公司没有时间或是精力来培养人才，只有招来有经验、有能力的人才，才能保证公司稳妥高效地运行。

果然，小米冲破重重困难，一举走向了国产手机行业的前端，现在提到小米，大概是无人不知无人不晓吧！短短几年的时间能有今天的成就，是高效率的表现，更离不开秉持低毛利的做事原则。

从群众中来，到群众中去

毛主席曾说过："一切为了群众，一切依靠群众。从群众中来，到群众中去。"这句话放在企业也同样适用，用户就是群众，企业的发展离不开用户的支持，所以做企业，不是把公司高高挂起。和用户联系起来，才是企业的长远发展之道。

小米一直在强调服务用户，强调重视用户的力量，正是走"群众路线"的体现。和用户紧密地联系起来，才能更好地了解用户的需求，才能够把产品做到最好。小米的产品有很多人性化的设计，这些人性化的设计就是指小米产品的一些功能和设计"恰好"满足用户的需求，其实这个"恰好"就是从用户中得来的。

和用户紧密联系，让小米能够更近距离地接触到使用产品的人，可以听听他们的产品使用心得，或者修改意见，又或者是他们期许愿望。用户的建议可以让小米得到更多的灵感，从而让产品更加完善。

雷军曾在一场演讲中举了一些从用户身上得到灵感的例子。有个明星曾经提到过一个困扰，或许是电话无意间泄露的缘故，有很多粉丝会给他打电话，影响了他的私生活，就问能不能有一个只接通讯录联系人电话的功能？也许在这个明星的潜意识里，根本没想到以后真的会有这样的功能出现，但是小米没有忽视这个建议，把这个功能放进了手机。

再一个例子，是有一个领导曾经跟雷军抱怨，因为工作需要他的手机必须24小时保持开机状态，但是一旦夜间12点之后有人再打电话就会睡不着觉，严重影响了睡眠质量。一个小小的抱怨，并没有被逃过小米的捕捉，很快，小米就有了设置VIP电话的功能，这个功能可以让手机里的VIP联系人给机主24小时都能打通打电话，又不会受到其他无关紧要电话的骚扰。

这些建议都是生活中人们的个人亲身经历，一个手机的程序员也许不会想到这些点子，但是用户却可以。因为如果人不在那个特定的身份或者场所里，是根本不会想到这些的。

在过去信息不这么畅通的时候，或许得到来自用户的建议很难，但是现如今互联网高速发展，可以给企业提供足够的空间和用户接触，而且只需要很低的成本，就可以让用户有效地参与进来，小米最成功的范例就是小米社区。

有人说小米模式就是互联网思维，互联网思维最重要的其实还是用户思维，最根本的还是要回归到群众路线，其实就是互动营销，互动的对象就是用户。闭门造车出不了好产品，如果企业只是想当然地想象用户的需求，这是根本行不通的，因为企业的"想当然"很可能会错过用户真正的需求。

要想做出一款得到大家认同的好产品，关键就在于"从群众中来，到群众中去"这十个字，不管是什么产品，最终总归要服务于人的，所以产品不能脱离被服务的人，也不能脱离人们的实际生活，要回归到大众的需要上。

在雷军心目中一直有一个强烈的愿望，就是能做一款能够随时根据用户的需要而进行改进的手机。在雷军的潜意识里就把用户放在了前面，所以小米的产品在设计的时候就和用户站在了一条线上。"小米社区"里有很多小米的用户和发烧友，他们可以随心所欲地在社区里探讨自己对产品功能或是设计的设想和建议。

而小米社区也并不是形式上的摆设，用户的建议不会被忽视，好的建议都会被采用，最后应用于产品本身。长此以往，小米的用户们就会觉得自己的建议是有用的，从而产生了强烈的参与感，不仅能够帮助用户从心里认可小米的产品，还会促使他们自愿向身边的人宣传小米。

用户是企业利润的真正来源，想让别人买你的产品，不仅仅要质量好、性价比高，而且还要抓住用户的心，因为市场的竞争也同样严峻，如果想在同类型的行业里取胜的话，就要比其他公司重视用户体验。没有企业可以强迫消费者花钱买你的产品，选择权在消费者的手里，企业要用更好的服务和体验去提升用户的满意度。我们在商场里经常会看到这样的标语：您的满意是我们不懈的追求。这句标语不能仅仅是作为一个口号，要真正实行到服务中去。

"从群众中来，到群众中去"。这句话最大的价值就是能够影响消费者的态度，帮助消费者建立对品牌的信任度。有人说："群众路线"就是要让企业接地气，其实这么说也没错，接地气并不该被轻视，而是应该推崇，把用户和企业放在一个平等的位置上，才能真正做出让用户满意的产品，这就是"群众路线"的精髓。

第八章

没有核心技术，飞起来的猪如何安全着陆？

雷军在发布会上说自己申请了很多专利，传递给人们的一个信息就是，小米对技术的重视程度很高。雷军的"飞猪"理论被很多人奉为经典，但是"站在台风口，猪都能飞上天"只是个上联，下联是"靠着核心技术，飞起来的猪才能安全着陆"。因为飞起来的猪总要有着陆的那一天，如果你没有做好准备，可能会摔得很惨，而企业的核心技术就是保证"飞猪"安全着陆的降落伞。

做产品要真材实料，还要有信仰

"站在台风口，猪都能飞上天"，这句话让很多人认为雷军是一个机会主义者。

大家都了解雷军讲的"飞猪"理论，但是却没有真正了解这句话的背景，机会是一个成功的窗口，这个没错，但是记住一点，任何人的成功，背后都离不开不为人知的苦练。台上一分钟，台下十年功，如果没有苦练的前提，有了风口又如何。机会并不是通往成功的直升机，是需要自己一步一个脚印爬台阶爬上去的。想要靠着风口一步登天的人才是机会主义者。

即使在风口的"猪"借风使力飞了起来，也要提防一件事，就是飞得再高的"猪"也有落地的那一天，就看你是平安着陆还是摔得很痛。小米就属于平安着陆的那一类，平安着陆有个条件就是：落地姿势要对，降落伞质量要有保证。落地姿势就是企业的运作模式，降落伞就是企业的产品，产品的质量有保证，落地的安全性才会有保障。

产品的质量是一个企业发展的狠心，被小米视为学习榜样的同仁堂，有一则很经典的司训："品味虽贵必不敢减物力，炮制虽繁必不敢省人工。"一句话涵盖了同仁堂对产品的敬畏之心，即使材料昂贵，药品的分量也不会减少一分一毫，即使制作过程繁复也不敢偷工减料，简单点说就是，做产品要真材实料。

除此之外，同仁堂的老祖宗还留下了一句话："修合无人见，存心有天知。"这句话翻译过来就是：再没有人监管的情况下，做事不要违背自己的良心，见利忘义的事情一定不能做，因为你所做的一切事，上天都是知道的。同仁堂的老祖宗们把做货真价实的产品视为自己的良心。要把

"货真价实、真材实料"当作一个信仰去做，企业才能基业长青，信仰是不可被辜负和撼动的。

在 2015 年一年的时间里，雷军多次强调"新国货运动"这个词。"新国货运动"就是改变过去国货是"劣质品"的形象，走一条全新的路。小米产品的材料都要追求最好的，对于当时还处在初创阶段的小米来说，是一件很需要勇气的事情，因为用最好的就意味着产品成本会高出很多，但是小米并没有在这件事情上迟疑，屏幕用夏普的，处理器是高通的，组装找的富士康。

小米当时是一个初创企业，虽然结果是好的，但是当初谈合作的过程也经历了一番波折。那些看起来很简单的事情，真正做起来确实不容易，手机和电脑不一样，里面大部分都是电子件，合作伙伴的选择变得至关重要。雷军曾经说过一句很霸气的话："不是世界顶级的供应商进不了小米的门！"小米就是要用最好的供应商，用最好的元器件和材料。做好产品、做货真价实的产品，就是小米的追求和信仰。

一旦开始就要做最好的，虽然会有很多质疑和不信任的眼光，想做好产品是要付出一些代价的，时间、精力或者财力，雷军最初找供应商用了将近九个月的时间，不容易但也不放弃。

2015 年 3 月，小米发行了插线板，外观简洁轻便，设计美观大方。有人说小米的插线板就是为了打倒山寨货，净化市场。呈现到大家面前的完美，背后的艰辛大概只有研发团队清楚。远比大家想象的要难，这款插线板小米用 1000 万研发费花了一年半的时间才做成。因为要做到最好，要追求真材实料，每一根线、每一个元件，都要经过定制和考量。过程很繁复，但是结果是好的，插线板一经推出就大受欢迎。

要想把一个产品做好，就要先了解消费者真正需要的是什么。以前人们的生活水平不高，所以人们热衷于追求"价廉"。如今时过境迁，在经济飞速发展的今天，人们需要的不再是"便宜货"，而是好产品。

当一个企业产品质量跟不上的时候，就意味着要被消费者所抛弃了。只有产品做好了，其他的环节才会有意义。把做好产品当作一种信仰，不为眼前利益而折腰，坚持使用真材实料，企业才会基业长青。

赢在细节和用户体验

把产品做好是企业最基本的工作，千万不要以为做好产品就万事大吉了。搞定了产品，还要搞定产品的受众人群，他们的体验和口碑是尤为重要的。

互联网时代的人们思维跟以往大不相同，丰富的物资，让他们有了更多的选择。手握选择权的用户眼光更加挑剔。不能让用户满意的产品，就会被淘汰。

细节决定成败，是说从小事上可以看出事情的成败。古语也有说："成大事者不拘小节。"做产品却不能不拘小节，细节的体现是十分重要的。除了设置 VIP 电话和直接联系人电话的案例，小米体现在细节方面的人性化设计，还有很多。

小米很善于用技术中的细微设计打动人心，小米有一个功能，当一个陌生电话打进来的时候，系统就会自动提醒这个电话是推销电话、中介电话还是骚扰电话，这样用户就可以自己决定要不要接这个电话。更好玩的是，如果打电话的是一个送货员，还会显示送货员的姓名和照片信息，这些看似不常见的功能，却会带给用户一种暖心的体验。

类似这样的暖心功能，小米还有很多，在星巴克、高铁、机场等地免密码提醒用户一键连接 Wi-Fi 算一个，"超级黄页"也算一个，就是把互联网的公共电话号码整合到手机里，这样用户就可以在体验一些生活服务时更加快捷和方便。

再比如红米手机，因为设计轻便小巧，而且性价比很高，所以很多用户都是买来送给父母或是家中长辈。而很多老人家的视力都不太好，可能会看不清屏幕上的字。小米针对老人的需求开发了一个功能就是极简模式，能够让字号变大，简单操作，甚至像微信这样的应用软件也能够适用这个模式。这一人性化的设计，给了老人家方便和舒适，让老人也能在简单的手机操作中感受手机的乐趣。

用户可能不会感激你在产品中的一些暖心设计，但是他们一定会记在心里，形成一种习惯，当他们用别家产品，发现没有这样暖心的设计时，就会感到不习惯，还会想念你的好。

在"小米社区"里，经常会看到一些"米粉"发的帖子，技术分析的帖子或是小米手机的细节呈现，都是用户自己一张图一张图贴上去、一个字一个字打出来的，其实用户完全可以在拿到产品之后不做任何回应，但他们却愿意花时间和精力整理帖子，这就值得深思了。

有话说：伸手不打笑脸人。把这句话延伸一下，我们可以说在生活中对自己好的人，你就会不由自主地也想对他付出。就像是逛商场的时候，进了一家服务态度很好的店，人家又是给你倒水又是热情招待，遇到这种情况，大多数人都会有不买点东西好像有点对不起人家服务的感觉。

同样的道理，小米给用户提供的一些暖心体验，大多数人都会把这份感动记在心里或者传扬出去。真正使用户认可产品认可公司，可不仅仅是把产品做好那么简单，超预期的细节会让用户增加满足感。

用户体验做得好，用户就会越来越多。在互联网时代，信息传播速度很快，网上的信息又丰富又全面，然而这样有可能导致的一个结果就是很多人产生了选择困难症，可供选择的产品多了，反而不知道该选哪一种了。这个时候就是用户体验发挥作用的时候，互联网传播的信息很多，但是身边人带来的信息却是有限的。而且人类具有社群属性，最简单的解释就是身边人喜欢什么自己也喜欢什么。当身边的朋友滔滔不绝地说起小米手机的种种暖心体验时，很可能他就会为小米带来不止一个的新用户。

小米的用户体验总监唐沐，根据自己从业十年的经验有个"32字总结"，其中一点就是：体验做透。体验做透就是把产品的功能转化为体验，把人们觉得麻烦不好操作的步骤转化为简单的模式。尽量把方案做得优雅，帮助用户去解决问题，而不是把问题抛给用户。用户最怕的就是麻烦，产品的功能和体验设置，一定不要太繁复，要有符合人性化的设计。

雷军十八岁的创业梦想几乎全部倾注于小米的身上，小米从最初的十几人发展到现在的几千人，已然是一家颇有实力的大公司。但是雷军一直坚持最初的小公司运转形式运作着小米，这样做就是为了能够以团队小项目的模式，把产品细节做到最好最极致。

雷军经常和自己的工程师、设计师等探讨产品的细节问题，俨然把自己当作产品经理。他对产品细节上的要求甚至到了疯狂的状态，曾经为了一张满意的壁纸，他苦恼了很久，发了一条微博称："不工作了，画壁纸去！"引来了一众粉丝的调侃。还是没有找到满意的，他甚至扬言要花100万买一张壁纸。在粉丝们看来这就是一件很有意思的小事，其背后折射出来的却是小米对细节的卓越追求。

极致的产品细节加上超预期的用户体验，小米做到了这两点，所以它成功地飞起来，并且安全地着陆。

少做一点事情，把事情做到极致

雷军对产品细节方面的疯狂追求是大家有目共睹的：这个不好，改！那个不行，再改！产品总是在不停改动中进行，这是一种对产品负责的态度。"只要把一件简单的事情做到极致，就能够取得成功"，雷军总是用这句话勉励自己。

第八章
没有核心技术，飞起来的猪如何安全着陆？

把一件事情做到极致，再简单的事情也能做成功，褚时健的励志"褚橙"就是一个很好的案例。褚时健在 80 年代也是一个红遍全国的人物，他接手濒临倒闭的玉溪烟厂，奇迹般把这个破烂的小厂打造成了当时亚洲最大的卷烟厂，他自己也被外界称为"中国烟草大王"，短短十几年间为国家创收九百多亿元。就在他人生最巅峰的时刻，他却因为经济问题入狱。几年后因为身体原因被保外就医，那一年他已经是 75 岁的高龄了。

在这样一个外人看来再也折腾不起来的年龄，褚时健却承包了几千亩的山地种橙子。要知道橙子挂果至少要六年，而且在外界看来，一个曾经的烟草大王当农民种橙子，这是一件不可思议的事情。褚时健没有在意别人的眼光，开始投入地工作，这一次，他同样没让自己失望，"褚橙"流入市场后被称为"励志橙"，大受人们喜爱。

在褚时健的人生名言里，有这样一句话："过日子要认真，做产品要认真，对周围人也要认真。"因为他的认真和不服输，"褚橙"成了品质的代表。褚时健的人生经历告诉人们只要努力把一件事情尽力做好，就会成功。

互联网站长曾是一个火爆中国的名称，现如今的互联网领域里许多有名气的大咖都是从一个个个人网站的站长做起的。雷军在早期的时候就曾经做过站长，那时候他才刚刚开始接触互联网，对互联网这个世界简直一窍不通。

那个时候想要推广自己的网站，就要不断发帖。发帖是一件很耗时间的事情，很多站长嫌麻烦，就写上十几个帖子，然后再群发到几百个论坛里，群发速度是提上来了，但是群发很容易被管理员当作垃圾帖删除，所以效果并不好。

雷军吸取到了这些教训，当时还是网络小白的他，一咬牙给自己定了一个硬性指标，每天发 300 条帖子，每个帖子 100 字以上且内容合宜，三百个有质量的帖子对当时的电脑小白来说是有一定困难的。早上七点钟起床开始发帖子，有时甚至会发到半夜两三点。功夫不负有心人，半年的发帖宣传，终于让这个网站的知名度大幅增长，成为当时的热门网站。

人们总是在心里认定成功很难，所以迟迟不敢行动，但成功恰恰并不像人们想象中的那么复杂，而是由无数次简单的坚持成就的。做一件简单的事情，很多人说都会做，但是很少有人能坚持到底，只有极少的一部分坚持的人最后走向了成功。也正是那时候发的三百个帖子，为雷军开启了互联网的大门。

每当提起那个时候，雷军还会感慨万分："那时候坚持发的三百个帖子让我明白，只要把一件简单的事做到极致，那么就会成功。"

很多时候，人们缺少的就是一种认真的态度，要把事情做到极致，认真这个词是必不可少的。我们很多时候都会让自己处于一个怪圈，整天梦想着要成功，却不对自己手头上的事用心，当老板交代下来一个任务时，首先想到的是应付了事，而不是认真完成。心中所想和行动完全是两回事，认真是一种习惯，是一种人生态度，把事情做到极致，是成功路上必不可少的一种品格。

做到"极致"的思想贯穿了雷军的工作生活，在手机厂商都信奉"商海战术"的时候，雷军却坚持己见，一年只做几款手机，他要把手机做到最好。少做一点事，把事情做到最好，这是最好的策略。

雷军在做手机之前，自己也是个手机控，二十年间，雷军用过的手机数不胜数，真正能被记住的品牌寥寥无几。一般的手机厂商每年出产的手机高达几十种型号，如此多的型号，公司的产品经理一定没有全部用过一遍，这样就无法切身体会用户的使用感受。

东西贵在精，当做的事情变少、手机型号很少的时候，就有更多的精力把事情做到最好。小米每次出新机的时候，雷军这个"不正牌的产品经理"就会先使用，体验产品优点和缺点。

正是因为这样，雷军才能在发布会上对自家的产品如数家珍。因为极致，所以爱惜。小米每年只做几款手机，从创业开始的三四年时间里，小米做过的 6 款手机都成了爆款，销售额很快就突破了百亿。对于一个刚刚成立的公司而言，这是一个奇迹。小米创造奇迹并不是因为运气好，而是小米对产品质量的专注和卓越追求。

做事情不能期待一口吃成个胖子，也不能一味地追求数量，把事情减少一点，争取做到极致。只有专注，并且极致，才有可能会走向成功。

秒杀对手，让用户尖叫

"天下武功，唯快不破。"这句话从雷军的口中能经常听到。在互联网的时代，"快"就是企业间竞争的一把利器。

在手机市场，比的就是一个抢占先机，用雷军的一句话说就是："产品一出就要能秒杀对手，才有意义。"让用户真正对产品满意，拥有了一定的用户数量，才能够保证企业后续的正常运作。关键就在于市场的竞争是十分激烈的，要做到秒杀对手是需要一定功力的。

雷军在做小米之前并没有接触过硬件领域，所以小米算作是一家跨界做手机的企业，创业伊始，几乎不被人看好，但是小米一出手，取得的成绩就让人啧啧称奇。2014 年甚至取得了两季的销量冠军，一举摘得世界第三大智能手机厂商的桂冠。

"秒杀对手"其中很关键的一点就是核心技术。其实技术对于手机而言是灵魂性的东西，小米也遭遇了很多技术短板，比如爱立信起诉小米侵犯专利权的事件，让小米彻底明白专利的重要性。吃一堑长一智，小米开始申请大量专利，以弥补这一缺憾。

在雷军的概念里，产品思维就是"可以让用户尖叫"的产品、有口碑的产品。什么叫有口碑？便宜的产品不一定会产生口碑，质量好的产品也不一定产生口碑。那有人会说质量又好、价格又便宜的产品肯定会产生口碑了吧？也不一定。参考海底捞的例子，就会发现只有超预期的产品才会有口碑。

小米手机一出场就抱着让用户尖叫的"野心"，第一代的小米手机，在配置上是狠下了一番功夫的。800万像素，高通双核1.5G处理器，待机时间可达450小时。这样的配置在当时的国产手机里算是数一数二的了，而同类的手机里价格可能定到三四千元，但是小米当时的定价是1999元，高配置、低价格，让小米手机成了高性价比手机的代表。

这个价格雷军思考了很久才决定，这款产品倾注了小米所有员工的心血，雷军要的效果就是，一亮相就要有秒杀对手的气势，更要"让用户尖叫"。

秒杀对手并让用户尖叫，这是两个完全不冲突的概念。这两个概念的关键性因素就是产品。好的产品是对企业成绩最好的证明，而在小米内部，"让用户尖叫"就是衡量产品标准的首要准则，如果产品的配置不能让用户尖叫，那么价格一定要让用户尖叫。

喊口号都是容易的，真正实行起来，困难度是很高的。在小米成立之初，遇到的最大问题就是供应商的问题，要想把产品做到让用户尖叫的程度，就要是实现最优的供应链条。但这个社会的现实就是你没做过没经验是很难得到别人的支持与信任的。尽管雷军在创办小米之前就已经在金山混得风生水起了，尽管小米拥有一支异常强大的后援团队，但是一个在硬件领域毫无涉足的人，不管你在其他领域的地位有多么高，人们还是会觉得你在硬件方面不行。

手机的整个供应生产链条都是环环相扣的，哪一个环节出问题都会直接影响手机的质量。面对供应商的不信任，雷军亲自上阵和供应商进行谈判。当时正处于智能手机初兴阶段，元器件供不应求，尤其是小米要的是最好的元件，好的元件在市场上是一种稀缺品。饶是如此，为了做出做好的产品，小米并没有想过在产品的任何环节将就，全部都要最好的。最终，供应链的问题成功解决，打动供应商的大概是小米无论如何都要把手机做好的信念和决心吧！

除了供应链的问题，生产加工的环节也至关重要。小米选择了为苹果组装 iPad 的英华达，因为工人的熟练操作程度直接决定了手机的组装效率和良品率。手机如果不出品质问题就可以大量生产投入市场了，所以生产环节的厂商，小米选择的也是最好的。

这些消费者很难接触到的环节，恰恰是保证产品质量的关键性环节。付出和回报是成正比的，2013 年 7 月红米发布，这款手机的定位是双核千元机，最终的发布价格为 799 元，红米手机一经发出，消费者争相购买，造成了供不应求的局面。

在红米发布之前，小米 2 同样受到了用户的追捧，把四核手机做成 2G 内存，而且定价是 1999 元，这样的价格在市场上同类型的机子中只能买到 1G 的内存。无论是价格还是配置都足以让用户尖叫，不输价格也不输品质。

我们都知道小米不是一家单纯卖手机的企业，还有衍生产品，这些产品也同样秉持了小米制造产品的原则。一款在市场上同类商品售价达到 800 元左右的小米盒子，只卖到 299 元。

还有一款人气火爆的产品是小米移动电源，仍然是超预期的高性价比产品。在手机的使用频率日渐频繁现代社会，移动电源作为手机的附属品，使用频率也是直线上升。市场上移动电源的品牌有很多种，质量参差不齐，小米移动电源能在一众产品中脱颖而出自有其道理。小米移动电源内置的电池是 LG/三星的锂电池，共四节，每一节的容量为 2600 毫安。这种电池是被普遍使用在笔记本电脑中的标准电池。再加上高密度的进口电芯，这样的配置在市场上的同类产品中能卖到 150 元左右，而小米的售价却仅仅是 69 元，这让许多懂门道的发烧友直呼："69 元连买电芯都不够！"

移动电源的高性价比让用户对小米好评如潮，一个好的产品可以带动品牌的用户好感度，引发用户对品牌的持续尖叫。同样还有一款让用户尖叫的产品，就是深受发烧友喜爱的手机操作系统MIUI，小米的设计团队在MIUI上耗费了大量的工作和时间，做出了符合国人习惯的优化改善，给用户提供更全面优质的体验。

用产品说话，让产品成为品牌的代言人。小米可以做到产品一出就秒杀对手，也可以做到让用户为之尖叫，这就是小米成功的秘诀之一。

让手机电脑化

2010年，雷军开始着手创办小米的事宜，他想好了，就要涉足手机这个他不熟悉的领域，而且要做的是智能手机。从一开始，雷军的路就选对了，在当初智能手机刚刚冒头的时候，谁能想到现在的智能手机已经成为人们生活中的一部分，几乎人手一部智能手机，无论是吃饭、逛街、买东西还是通讯，时时刻刻都离不开手机。

多年来在商场上的打拼，练就了雷军敏锐的观察力。没有做手机的经验，也不懂得手机行业的规律，小米只好把手机当电脑来做，但这也恰恰是智能手机的核心要素。雷军也曾明确地说过，从一开始小米的思路就是把智能手机当电脑去做的。小米做的第一个突破就是手机要能够装不同的系统。实现软硬件的分离，适用在手机上会变得更加便捷。

雷军说过的手机行业三大趋势，其中一点就是手机会替代PC（即电脑），成为人们最常用的终端。PC行业已经发展了许多年，现如今渐渐走下坡路，手机后来居上成为市场的主流。现在的人，可能没有电脑，但是谁又没有一部手机呢？

手机的迅速崛起，尤其是智能手机的发展，已经超出了当初人们的预想，现在手机的发展速度已经远远超出了当年PC的发展速度。现在整个行业的发展趋势就是互联网化，互联网和传统行业的结合，能够助益产品和企业的发展。手机从 2G 到 3G 再发展到现在的 4G，一代比一代速度快，以前上网打开一个网页可能要等几分钟，现在可能用不了一秒钟就能轻松浏览内容。手机的功能也朝着越来越强大的方向发展，从最初基本的打电话发短信，到现在的上网、聊天、拍照、视频、游戏、音乐等功能集于一身。现在仍然朝着更高端的方向发展，我们会发现，现在手机更新换代的速度很快，几年前的电脑可能还能拿出来用一用，但是几年前的手机现在拿出来用，就会发现已经不能满足人们的需求了。小米正是紧抓这一点，手机仅仅做到够用的程度是远远不行的，性能的发展只能是不断地发展。在其他智能手机内存还是 512MB 的时候，小米上来就做内存 1G 的手机，当 1G 手机开始流行时，小米就开始做 2G 内存，永远走在市场的前面，才不会被市场抛弃，这是电脑行业的游戏规则，也是智能手机行业的游戏规则。

如今，智能手机端的用户数量已经远远超出了 PC 端的用户数量，手机的系统和软硬件也在不断地更新换代，越来越强大。甚至手机的移动芯片已经达到了桌面级的处理和计算能力，且性能开始超越桌面电脑。以前必须要在电脑上操作的功能，在手机上就能简单操作，比如建立文档、剪辑音乐视频、收发邮件等等。相比电脑，手机有一个更大的特点就是便携，极大地方便了人们的生活。

手机开始朝着电脑化的方向发展，这是大势所趋。手机需要向电脑学习的方面不仅仅是性能，还有元器件的选用。为了能在激烈的市场竞争中展现出对用户更有价值的产品，小米尝试软硬件的适度分离，小米手机的电池用的是 LG，屏幕用的是夏普，在供应链上，不同的元器件用不同的生产厂商，接受不同的定价，因为不同的供应商可能做出的产品差别会非常大，一定要选择最适合的，这一点也正是借鉴了 PC 行业的做法。

很多人都觉得手机行业的利润非常大，在小米闯入市场之前确实是这样，有时候一款手机刚出来的时候可能会卖到三四千，等过了一段时间就开始大幅降价，甚至会降到两千多，商人不做亏本的买卖，说明这里面的利润率还是很可观的，大幅度的降价也不会造成赔本的局面。

而小米就是要反其道而行，小米想的是为什么不能相比PC行业一样，把毛利率降低，采用薄利多销的模式，这就是小米在初期采用的成本定价策略。PC行业的毛利率在早几年的时候就是15%左右，未来手机行业的企业也要适应这个生存模式，关键是控制好成本，这里的成本并不是要控制在产品质量和用户服务方面，是要在企业组织优化和中间环节上面控制成本。

小米很早的时候就开始用PC行业的运作规律来运作手机行业，这是行业发展的一种趋势，而小米成功地抓住并运用了这个趋势。在互联网行业有一个大家认同的定律就是摩尔定律：当价格不发生改变时，集成电路上可以容纳的元器件数量每过一个周期就会增加一倍，周期大约是18～24个月，性能也会提高一倍。这个定律不仅揭示了信息技术的迅速发展，也说明了手机处于这个摩尔定律之下，其核心的元器件也会降价很快。按照PC行业15%毛利经营手机业，在摩尔定律下，这样的模式也一定能够在市场竞争中存活下来。

小米上市的启示

2018年5月3日，小米集团向港交所递交上市申请，被认为将是本年度全球最大规模IPO。7月9日，小米集团在香港证券交易所正式挂牌上市，跻身全球科技股前三大IPO。

回顾总结小米的上市历程，又能给我们带来什么样的启示呢？

第一，任何人都不能准确预测较长时间的市场、环境变化。对于小米上市，最让雷军尴尬的，就是自己坚定而又决绝的那句话："小米五年内不上市。"这句话，从小米初创的2010年一直喊到2016年，甚至在2016年在某个场合还说出了"2025年之前不上市"的豪言。可是仅仅一年后的2017年雷军就开始含糊其词，不敢再讲这句话，并且在2018年就启动了上市。还有雷军跟董明珠的十亿赌约，最后也以雷军实质上的落败结束了赌局。在这里讲雷军的这些"走麦城"经历，不是来证明雷军的"大嘴"，而是说明，在当下这种瞬息万变的市场环境下，任何人都无法准确预测五年，乃至三年、两年之后的市场形势。在做有关企业经营的中远期规划的时候，避免做出定量的规划，进而以此为基础对企业的人员、物资进行调配。正确的做法，是依据现状，进行合理化推演，确定企业的中远期规划。最低限度，也要设定一个理想目标和一个最低目标，给企业的发展留足余量。

第二，高性价比的达成需要全方位的机制保障。高性价比是小米系列产品的特色，也是小米能够成功的保障。但是，高性价比这一目标的达成，并不只是降低硬件成本就能达到的，还需要很多方面的辅助。前面我们讲到的互联网思维，重视网上渠道，就是因为网上获客成本低，通过网上渠道能明显降低成本。剔除不合理环节，加强采购管理等都是为了降低成本。除了这些方面，小米招股书中还披露了一个细节，就是2017年，小米公司的存货周转天数是45天。这是什么意思？简单地说，就是平均一台设备从入库到卖出去，只需要45天。存货周转天数长短，意味着企业原材料进厂到产品出厂时间的长短。越短的库存周期意味着越少的资金积压，越多的存货能尽快地变现，促进更积极的资金流动，为企业带来更高频的盈利，大幅度降低经营成本。国内手机企业正常存货周转天数为180天左右，而小米为45天，达到了国内手机行业的领先水平，作为一个硬件厂商，小米的存货中转天数做到了跟百货公司沃尔玛相同，这是非常难得的。但是对此雷军并不满意。因为他理想中的对标企业是另一百货公司好事多。好事多的一个突出特点就是存货中转天数少，只有不到30天。

第三，股份制公司灵魂人物要想保持对企业的控制权，"同股不同权"是一种可行的解决方案。小米上市，采用了"同股不同权"的双股权方案，是港股第一家。

当前绝大多数的企业采用的是"同股同权"的股权结构，这样的方式比较公平，但是存在一个弊端，就是如果企业谋求融资或上市，就会造成股权稀释，最后会造成企业缔造者、灵魂人物不能控制公司，整个企业被资本所控制的情况。最为耳熟能详的就是乔布斯被赶出苹果的案例。脸书的扎克伯格也经常为说了不算大发其火。而"同股不同权"则避免了这一不利情况的出现，国内阿里巴巴就是采用了这种模式。

但是双股权结构也存在弊端。首先，这样的股权结构在我国现行法律制度下不适合股份公司，只适用于有限公司。其次，"同股不同权"在我国属于比较少见的法律上的"例外"情况，相关法律规定较少，且约束条件太多，对普通创业者来说，一来自身缺乏相关法律知识，二来缺乏专业律师在战略层面提供服务，因此在实践中对这种架构要慎用。否则，很可能存在设计不周全的地方，甚至可能因此引发诉讼风险。

这种模式很容易引起投资者和其他合伙人的担忧：企业缺乏股东制衡，一家独大；容易进行利益输送等。所以一着不慎，就容易引发其他股东反弹，导致撤资、退股等。因此，投资这类企业，需要投资者对企业的盈利能力、成长空间等具有更好的认知，同时还需要成熟的公司内部管理机制，有效约束股东利益输送。

第四，要充分考虑到上市之后的风险。上市后会发生的风险：会被股东利益牵制。股东、资本都是追逐短期变现利益的，他不会考虑 5～10 年之后的公司利益，只会考虑当下你能给我多少回报。而一旦不能平衡短期利益与长期利益的关系，企业就会陷入立即倒闭和慢性死亡的境地。小米已经出现了这样的问题：首先是上市即破发，直到2019年7月上市一周年之际股价几乎腰斩。破发很大一部分原因是因为投资者并不认可公司的经营模式、前景规划，而上市一周年之际股价大跌首先是股价没能冲高打击了"米粉"的信心，对公司和产品产生不信任。其次是公司为了挽回颓势，增加当期利润，缩减了售后维修网点规模，开始在小米软件生态圈中开展导流、互联网强制广告推送和P2P业务。当然，上述举措小米在上市之前就已经开始在做，也可能是公司多方面寻求利润增长点正常动作。但是，在上市之后，因为上市公司必须保持透明性，这些方面被人开始进行分析解读，放大了负面影响。

创新与质量并举

2019年8月28日，"中国质量协会成立40周年纪念大会"在北京召开。在本次会议上，雷军荣获全国质量个人奖，成为国内互联网唯一获得该奖项的代表。

在质量和创新这方面，雷军和小米也算是当之无愧。如果说一个互联网企业能够长久生存的法宝，创新和质量缺一不可。

众所周知，雷军曾经和格力的总裁董明珠女士有过一个十亿的赌约。接着两个人又约定了五年的赌约。"初期，我做制造业是无知无畏，和董大姐打赌更是无知无畏。所以董大姐说十个亿不要了，要和我再打五年。我还愿意继续试一下。"雷军说，"抓质量是没有捷径可以走的。"

雷军认为，小米的第一轮成功主要靠创新，小米到今天能够屹立不倒，最核心的是将创新和质量并举。

雷军在小米的质量上从来没有放松过。投资出身的雷军说自己从来没有做过任何和制造业相关的工作，之前的全部时间都在做互联网、软件、电商和投资，自然也就对产品的质量不会有过多的了解。但雷军从创建小米那天起就没有放弃过对质量的把控。

"9年前,我为什么办小米呢?之前我从来没有做过任何和制造业相关的工作。我之前跟制造业没有半点关系。那我为什么做质量,做硬件呢?十年前,在消费电子尤其是手机行业,山寨机横行。我们国产手机质量差、价格虚高,铺天盖地都是广告。我当时在想,我能否用我做互联网20多年的经验,赋能制造业,带动整个制造业的转型升级。"雷军对于质量的肯定就是从投资中得来的经验。对于一个职业的制造业外行人,能够心细如发地观察到制造业里对于质量的把控,这对于小米乃至整个制造业来说都是幸事。

对于现在的制造业来讲,中国的制造业面临的是全球竞争最激烈的行业,小米作为一个未满十岁的小企业想要立足,最重要的就是产品的质量。在当然激烈的领域,能够在很短的时间内就做到了中国的领先水平,凭的就是质量,凭的就是创新,就是齐头并进把中国制造业干好的决心。

进入制造业,雷军很多次被问过为什么小米一定要与苹果、华为竞争市场,雷军对此有很明确的回答,"这是每一个企业家都要有的决心。"这是中国企业都应该有的决心,这是需要时间的,也是需要各位企业家共同努力的。

质量决定生死!

对于质量,雷军还有自己的理解。对于手机这样需要不断进行推陈出新的产品而言,质量不仅意味着制造业的硬质量,它还应该包括互联网也就是创新方面的软质量。对于手机这样的消耗品来讲,好看不好看,好用不好用,都属于软质量。创新型软质量,这是小米给中国制造业带来的一股新风。

好用不好用,是互联网制造业行业谈的最多的事情。而像小米这样的公司,把创新看作最重要的竞争力,当然也该强调质量的重要性。小米的发展不仅得益于对于硬质量的重视，还有对于创新等软质量的重视。在如今的小米产品中，高质量的体现就是"高端产品大众化，大众产品品质化"，能够抓得住当下消费者的心才是高质量和创新。

"创新决定我们能飞得多高，而品质决定我们能走多远。"小米到今天能够屹立不倒，最核心的是将创新和质量并举。

举个例子，MIUI 是小米手机的操作系统，雷军要求 MIUI 的负责人在微博上全部开具实名账号，一个月内连开 10 多场用户座谈会，所有的干部都到一线了解用户对产品的意见，从大量反馈中整理出了数百条可以改善的项目，再进一步明确，确定了 32 个重点改进项目，并给出具体的时间表。在 MIUI 发布之前这套系统一定是经过内测的，这是小米必须要有的硬质量要求，但软质量也是要有的。能够与时俱进，能够满足当下的用户需要，这些在雷军眼里都是属于质量的范围。

抓质量是没有任何捷径可以走的，小米的第一次成功是因为创新性的思维，但小米能够长远发展的动力一定是质量。小米的使命是始终坚持做"感动人心、价格厚道"的好产品，在对质量的严格把控上，小米的产品让更多的人都能享受科技带来的美好。

质量无小事，质量无止境。相信在质量和创新的驱动下，一大批像小米这样的质量导向型企业将会让中国品牌彻底崛起。

小米电视销量第一

2019 年 5 月 6 日，小米集团副总裁、小米印度总经理 Manu 在微博中公布了小米印度 5 周年的战果——小米电视成为印度第一大智能电视品牌。雷军很快转发了这条微博，并对这一成果表示高度认可，同时感谢了同事们的努力。

小米电视进入印度市场的时间是 2018 年 2 月 14 日情人节，且在刚进入市场时就受到欢迎，印度消费者疯狂抢购，线上线下热潮不断，甚至连线下的样机都被米粉买走了。仅仅进入印度市场9个月，小米电视的销量就超过100万台，引得海内外媒体纷纷报道。大多数媒体认为，小米电视能够在印度市场取得巨大成功，主要有三点原因，一是和印度最大的视频供应商展开合作，确保内容质量与优越性；二是小米电视的智能体验在印度市场上鹤立鸡群；三是其性价比非常高，极具竞争力。

其实，不管是中国市场还是印度市场，小米电视的市场表现都非常耀眼。据数据显示，2018年Q4和2019年Q1，小米电视的零售量都是中国第一。

有人分析认为，小米电视取得中国销量第一的成绩，最重要的原因是低价竞争，这并不是中国彩电业的高光时刻，反而是至暗时刻。但雷军对此不认同，他在微博上做出了回应：小米电视销量第一的原因就是持续创新！

就连罗永浩也发文支持小米电视，为其鸣不平。罗永浩认为，将小米电视销量第一看做中国彩电人的悲哀，这样的说法太扯了。他解释道：通常情况下，溢价能力最高、性价比最高的都是顶尖企业，其他的则是平庸企业。

小米产业投资部合伙人潘九堂说，小米电视在保证高性价比的同时保证高品质，主要是因为采用了爆品策略，而且营销和渠道成本与传统企业相比少了10%～30%。

提及小米电视的持续创新，可以由其首次上市得到验证。2013年9月5日，第一代小米电视发布，发布了11键遥控器，使电视的操作方式大幅度简化，老人和小孩子都能方便地操作：

2015年10月，小米电视3发布，分体设计重新定义了影音体验；

2016年1月，小米电视4发布，探索工艺极限，打造超薄4.9毫米高端电视；

2017年5月，小米电视内置小爱同学，向人工智能电视方向迈进。

雷军在微博上提到了小米电视的创新体现：小米壁画电视65英寸，在"中国智能显示与创新应用产业大会"荣获"彩电创新产品"奖！此前已经接连获得"2019十佳电视大奖""高端智能产品奖""迪斯普大奖—AIoT技术"等多项大奖，成功站稳高端市场。

小米电视也一直在贯彻其持续创新的理念。2019年8月10日，雷军在微博上公布了一则消息：小米电视正在测试视频通话功能，用户可以通过打开小米电视"我的应用""视频通话App"来实现视频通话功能，而在不久之前，小米电视在推送固件更新时取消了15秒左右的开机广告，只出现"让每个人都能享受科技的乐趣"的字样。

随着小米电视取得中国市场第一，越来越多的后来者出现。比如，荣耀和一加等手机厂商也宣布进入智能电视行业：一加手机CEO刘作虎表示将推出颠覆用户使用习惯的电视；荣耀则宣布将推出"不是电视而是电视机未来"的智慧大屏产品。

智能电视行业会迎来激烈的竞争态势，而小米电视是否仍能保住第一，就看其创新能力和性价比是否仍旧有极高的竞争力。

第九章

把敌人搞得少少的，把朋友搞得多多的

雷军把毛主席的一句话奉为他的人生哲学："把朋友搞得多多的，把敌人搞得少少的。"市场上的公司很多，每一个企业都有自己的短板和强项，如果小米一开始就针对市场上的每一家公司，什么都要做，那么就不会有现在的小米了。"专注"是雷军提出的七字诀中的第一大法则，只有做少量的事情，并且做到极致才有可能走向成功，什么都想做的时候就容易出问题。

小米从不打"价格战"

以雷军对企业互联网化的理解,传统企业会打"价格战",而互联网不会,因为一上来都是免费。他还说,小米从来不打"价格战",一上来就卖到成本价,这样的模式势必在行业中造成雪崩效应,互联网的环境就是这样,"狭路相逢,勇者胜",互联网的文化就是一个要比一个好。

传统企业间常见的"价格战",事实上就是企业通过竞相降低商品的市场售价,而开展的一场商业竞争行为,主要目的是占领市场和打压竞争对手。

研究表明,价格是消费者选择商品的一大参考因素,这就使得"价格战"在市场竞争中时有发生。虽说"价格战"是市场经济下的必然产物,但其弊端也是长久存在的。

"价格战"有一种企业间相互比拼的心态在其间,且是以牺牲企业盈利为代价的竞争方式,这其实是一种杀鸡取卵的竞争方式,只解决了眼下的问题,没有为企业长远发展考虑。企业之间长期的"价格战"必然会导致利润减少,利润是一个企业的支撑,所以当利润减少时,产品在设计、研发或者营销等方面的资金投入也会相应减少,这些都是支撑企业稳定发展的重要环节,如果企业发展的支撑力量出了问题,会进一步对企业发展产生影响,最终陷入恶性循环之中。

降价对消费者而言可能是非常吸引人眼球的字眼,但是对于一个企业而言,经常性的降价会导致企业在消费者心目中的品牌形象崩塌。为了竞争而降价显然是很不明智且得不偿失的手段,会给前期消费的用户一种上当受骗的感觉,虽然在短时间内刺激了消费的增长,但是对企业后期的发展是有害的。

大打"价格战"也许可以得到眼前的利益,会打败竞争对手,但是并不是长久之策。如果"价格战"打输了，会导致得不偿失的局面；"价格战"赢了对手，当时可能春风得意，但是接下来会不断出现问题，企业为了挽回利润可能就会降低产品质量或是服务品质，也可能会削弱创新意识。一旦尝到一点甜头，后面的尝试就会越来越大胆，严重的最终会导致整个市场的病态发展。

比如2012年京东和苏宁易购之间那场轰轰烈烈的"价格战"，双方都掷下豪言：要比对方产品的价格便宜。最终的舆论导向好像是京东的胜利，看起来京东增加了知名度，引流了许多客户，但是在很多业内人士看来："国内的各大电商网站打着'价格战'的旗帜，事实上是缺乏差异化竞争的体现。这种手段虽然培养了用户使用网站的习惯，也积累了大量的会员，但这些依靠价格吸引过来的用户并不会对平台产生很强的黏性。"试想一下，这些用户为了便宜而选择了这个网站，当"价格战"一结束，价格恢复如初，这个用户还会使用这个网站吗？他们也许会去寻求更便宜的网站，这就形成了一种恶性循环。

"价格战"是电商企业快速打开市场的撒手锏，但如果"价格战"是以牺牲企业的长期利润甚至是亏损为代价的话，这并不是一个企业能够良性发展的模式。企业首先要有一个正确的商业模式，最重要的是回归到综合实力的竞争上，重视用户体验、细化管理模式和改善服务水平，专注于打造企业自身的核心竞争力，这才是企业良性的长久发展之策。

"价格战"造成的后果远不止这些，过高的噱头会让消费者的期待相应变高。"价格战"如果没有达到消费者的期许，可能会导致好不容易经营起来的品牌形象下降，虽然短期内销量增加了，但可能会失去用户对电商行业的信任，最后必然会危害整个电商行业。

还有一点就是对供应链的影响，降价会吸引来众多消费者，直接增加了供应链条的压力，订单的增加会让客服、配送人员的工作量大大增加，相应的运营成本也会增加。而且大批量的订单，可能会出现客服态度不好、配送时间增加、处理问题时间延长等问题。以牺牲用户体验为代价，对企业的长远发展来看，危害是极大的。

经历了一系列的转型，企业开始吸取经验，逐步认识到，品质和口碑才是保障。以往在"双十一"这个电商行业最火爆的节日，"价格战"是每年必打的一仗。但慢慢地，这种"传统"似乎不再是一种传统，"双十一"也不再是"价格战"的天下，已经转为全方位实力之战了。随着经济水平的增加和人们消费能力的提升，大部分消费者已经不再是纯粹地追求价格便宜，更多的重心是转移到了追求商品的品质、服务和品牌上面，消费趋势也日益多样化。对于企业来说，"价格战"也不再是绝对竞争力了。

小米不打"价格战"，而是更加重视产品的质量、性能以及服务、用户体验等方面。这才是小米该有的态度，也是企业该有的前行方向和竞争手段。

无差异不成活

猎豹移动的 CEO 傅盛曾经深度分析过小米创业成功的秘诀，他认为小米的成功来自：无差异不成活。

差异即企业的差异化，这是说一个企业为消费者提供满足其特殊偏好的某种独特产品或服务，从而使企业具有区别于其他竞争对手的差异化及竞争优势。傅盛还提到一本书叫《紫牛》，其中讲到这样一个故事：如果你来到北欧，就会发现那里有许多大奶牛，刚看到这些奶牛，你一定会很新奇，但是当车子在山上行进了几个小时之后，你还会发现原来这里的奶牛这么多，好像漫天遍野都是，走了这么久满眼的还是大奶牛，这个时候你已经不再有刚见到时的喜悦和惊奇心情，甚至开始在车子里昏昏欲睡。但是可以想象一个场景，如果在漫山遍野的这群奶牛当中突然出现了一头紫色的牛时，一定会让你一下子惊醒，这头牛也会成为你印象深刻甚至会牢记一辈子的对象。这个故事其实就是在讲独特性、差异化的重要性。

在当今的社会，物资丰富、信息充足，企业找到自身独特的定位才是崛起的关键。企业的生存之道是不要只想着从别人那儿抢来什么，而是要学会去创造，要用技术去开发新的市场。

开发新的市场也许需要很大的勇气，你需要考虑没有做过这件事，没有一点经验，会不会做砸这些问题，而且这时候外界也会有很多质疑的声音。只要有差异化和独特性，就不怕，因为在这个领域里你就是最好的，外界的声音你可以统统不听，因为这就是一个属于你独有的市场。

在这样一个物质丰富的时代，不要去做没有差异化的事情，如果是那种头破血流才能竞争到的机会就不是好机会，要做那头令人惊醒的紫牛，而不是令人昏昏欲睡的大奶牛中的一头。

小米正是做了那头独特的紫牛，小米能够从市场的激烈竞争中脱颖而出，就是依靠差异性战略。这个差异化战略，就是要在产品、服务等方面跟市场上的其他竞争对手区别开来，从而获得竞争优势。

小米的差异性战略体现在许多方面，首先是产品方面的，高性价比一直是小米的招牌，价钱低配置高，让小米的手机使很多发烧友都爱不释手。小米自己开发完善的MIUI系统，这是小米对Android系统的再次开发，MIUI系统更适合国人的使用习惯，其美观性和实用性都远超其他的一些手机厂商所作的系统优化，这个小米独特的手机系统也成了很多人选择小米的原因。

其次就是小米在员工选择上的差异化，我们知道对于很多企业而言，刚刚起步的时候，不会去请很高级的人才，因为要节约成本。但是小米就走了一条不一样的路，小米的初创团队全部都是各个行业的精英。一群优秀的人做着有前景的事，这一起点就是很多企业比不上的，小米能在几年内迅速崛起，也和高起点的初创团队脱不开关系。

再其次就是营销方面的差异化。一般来说，企业的宣传推广方式一般会采用广告等方式，而小米在一开始就没有选择这个途径。小米靠的是口碑，通过"为发烧而生"的发烧友们，发展了一群"米粉"，通过"米粉"口口相传的方式，赢得大众口碑。这样不仅节约了广告的成本，还增加了品牌形象的可信度。小米还有一个手段就是事件营销，比如小米新品发布会或者线下活动都会高调进行，并占据各大新闻版面，在无形之中为小米的品牌做了很好的宣传。

最后就是小米引以为傲的服务，小米很强调用户体验。小米提出对消费者真正的尊重就是把他们当朋友一样对待。朋友的关系是亲近的，是相互关心的，也是坦诚相待的。所以小米对用户的服务更加细致，线下活动就像是朋友间的聚会一样温馨自然，在论坛上，所有的"米粉"都可以畅所欲言，用户提出的问题和建议都会被认真采纳和考虑。甚至还会把产品的内部结构"坦诚"在用户面前，让他们自己体验装机的乐趣，让他们更清楚地了解产品的内部构造。

小米靠着自身的差异化走向了巅峰，其实从最一开始的定位，小米都有着差异化的优势。在当时的社会，智能手机还没有被当成一个"风口"，大家都在忙着做PC，小米上来就要做手机，还是做自己最不擅长的智能手机，这是一种"敢为天下先"的勇气和魄力。小米的市场定位也很精准，小米针对的人群是发烧友，是相对年轻的一群人，他们更加追求手机的性能，而且容易接受新事物。这样差异化的市场定位让小米攒了一批粉丝，渐渐成了手机市场中的佼佼者。

创建差异化优势是企业实现可持续发展的重要保障。世间万物都在不断地变化，所以企业的差异化优势也不能是一成不变的，要根据市场的变化随时进行调整，不断地寻找差异化优势，从而实现企业的可持续化发展。只有这样才能保证企业的健康良性发展，不至于在激烈的市场竞争中被淘汰出局。

什么都做的时候就容易崩溃

小米并不是一家只做手机的企业,好像在外界看来,小米的产品种类很多。以小米冠名的产品有很多,以至于外界对小米的印象就是产品多样,甚至给了"小米杂货铺"这个称号。

这很容易让人联想到三星,三星涉足的行业很多,如电子、金融、机械、化学等等。我们不仅可以看到三星的手机、电脑等电子产品,还常常能在化妆品中见到三星的名字。

但是小米并不是这样的,它涉及的领域其实并不多。在2015年的上半年,雷军演讲的时候还强调,小米只做了三件产品:手机、电视、智能家居。那么其他的产品是什么?其实这个问题,小米早已做过回应,小米创建了一条产品生态链,那些产品都是非小米的、小米生态链企业的产品。

其实也不怪消费者,随着以小米冠名的雨伞、螺丝刀,甚至洗衣机的出现,让不知情的吃瓜群众略显迷茫,什么时候小米连螺丝刀都做了?2016年8月份,一篇题为"1499元小米滚筒洗衣机发布"的微博引发了热议,网友纷纷调侃小米要朝着百货公司的方向发展了。

关于这个洗衣机的问题,小米智能家庭负责人高自光和生态链产品规划总监孙鹏相继在微博上做出了回应:"不是小米洗衣机,米家平台有个开放的众筹平台,我们欢迎优秀的产品前来众筹,小吉(该洗衣机品牌)就是这样。""澄清一下,不是小米洗衣机,而是小米众筹平台上的一款洗衣机,小米众筹平台是开放的,谁都可以上,不仅仅是小米自己的产品。"

高自光和孙鹏发这条微博代表了小米的官方立场,目的就是告诉大家,小米并不是什么都做。

雷军：
一生做好一件事

　　大概是因为小米的话题度很高，所以自从"米家"上线以来，每一款将要上新的产品，都会被媒体加上小米的名字加以宣传营销，这不外乎是商家的一种营销手段，就像是雨伞、电动螺丝刀、洗衣机这样的产品。俨然为小米树立了一种"杂货铺"的形象，甚至有网友调侃道："我以为小米的竞争对手是华为、三星或是苹果，没想到我错了，原来小米真正的对手是沃尔玛和五金店。"诸如此类的评价还有很多，令人啼笑皆非。甚至有人开始大胆预测小米未来可能涉及的行业和领域，甚至有传言称小米要做电动车，还要涉足房地产业。

　　这些舆论的指向，终于让雷军忍不住了。2015年3月，他又一次站在演讲台上做出澄清："过去五年小米的布局已经结束，小米会高度聚焦在三类五款产品上，手机、平板、电视、盒子、路由器，就是这五个产品。"从2010年创办到2015年，这五年的时间里，小米一直在为未来的发展部署战略，做产品也是秉持着独有的专注。其他的这些产品其实并不是小米研发的，有很多都是小米投资支持的创业公司，小米在打造企业的生态链，也在给新兴企业一个发展的机会。

　　但是小米的生态链计划似乎给大众造成了一些误解，好像是小米什么产品都做，或者是小米只跟自家投资的企业合作。实情往往不像大家想象的那样，小米的确是只做这五款产品，其他的产品都是小米投资的其他公司的研发成果。至于小米只跟自己投资的公司合作的传言，其实是初期的时候小米找不到跟自己合作的公司，所以小米只好自己投资企业来促进生态链的发展。

　　而且雷军还澄清说，小米没有要做电动车，也不做家庭装修，更不会去涉足房地产行业。因为小米目前所做的产品都是在一个平台上的，产品之间的关联性很强，而传闻中小米要做的产品和小米现有的产品领域不同，甚至是天差地别的。比如小米现在的产品——手机和平板电脑，其实这两款产品都是同一个类型的，路由器和智能家居也是同一种类型，这些产品都是不可分割的一个整体。

举个例子来说，如果一个企业是做手机的，那么它就绝对有能力做电脑，因为需要的技术人才都是差不多的，而如果让一个手机企业去做房地产，听起来就有些荒谬了，隔行如隔山，毕竟是"门外汉"，怎么能把这件事做好呢？这就是小米对自己的布局，并不是什么领域都会涉足的，雷军也明确强调，小米五年来的布局已经落下帷幕，将不会再进入新的市场。

2016年3月，小米生态链"米家"正式诞生，建这个生态链的目的就是为了承载小米供应链的产品，小米品牌将会专门承载自家的产品。自从"米家"上线以后，其投资的公司已经达到了几十家，对于这些企业而言，雷军是鼓励他们独立发展的，翅膀硬了总是要自己去天空飞一飞。虽然这些企业前期加入了小米智能家居的生态链，但是雷军始终觉得小米投资的任何一家智能硬件企业都是成功的，他们有足够高的能力自己独立发展。

雷军认为小米现在要做的是稳固基础，在市场上彻底站稳脚跟，而不是再去开发新的市场。如果一家企业什么都想着要做，那么就可能会导致企业的重心不稳，容易崩溃。专注才是这个市场的硬道理，什么领域都要沾边的话，很可能会一事无成。

这和我们的人生道理是相契合的，就像是一个人，如果兴趣爱好太过广泛，什么都想学一点，这样就不容易学"精"，吉他会一点、画画会一点、唱歌会一点、跳舞也会一点，每项都是蜻蜓点水式的学习，就会给人一种感觉：这个人好像没有什么特长。而如果专注于一个特长，把它学精学透，成为专业领域中的精英，那么当别人提起这个人时就会说：他就是那个绘画天才，她就是传说中的灵魂歌手等等。

一个企业也是这样，不要看它做的范围有多广，而是看它做的有多"精"。

以手机为中心，连接所有智能设备

小米的生态链产品获得了很多消费者的喜爱，其简约便捷的产品形象深得人心。这些产品的来源不仅有自家的产品，还有小米投资企业的产品。小米移动电源、小米手环、小米空气净化器等等，雷军介绍这些产品时说出了小米很重要的一个战略部署：小米要以手机为中心，连接所有的智能设备，所以说这些产品最终都会和小米手机连接起来。

而且雷军特别强调，小米生态链的合作秉持开放、不排他、独家的策略。2014年12月，小米和美的签署了战略合作协议，小米以12.66亿元的资金正式入股美的。小米自家的智能家居已经颇有建设，小米电视、小米空气净化器和小米路由器等都做出了相应的成绩，这次小米宣布进军大家电领域也是在意料之内的，目的是使小米在智能家居的领域能够进一步发展。而美的也曾宣布将进行传统家电到智慧家居的转型。

现如今两家企业达成合作，小米可以借用美的在白色家电市场（即家用电器类市场，如冰箱、空调、洗衣机等）的优势，而美的则可以利用小米在互联网上的营销渠道和用户资源，达到互利互惠。

有专业人士称，互联网和实体经济的结合将会成为一种发展趋势，互联网有大量的资源以及有效的营销手段，但是必须要有实体产业为依托。小米有成功的商业模式，有大批的用户粉丝，智能家居的布局也有了一定规模。但是很重要的一点就是小米缺少家电企业的支持，这次和美的的合作，填补了小米在智能家居市场的短板。

智能家居已经是一个人们再熟悉不过的词了，如今人们的生活中遍布了智能家居的身影。小米和美的的联手合作，一定会擦出一些突破性的火花。小米研发了成本较低的智能模块，把它提供给合作商，再以通用的控制中心"小米智能家庭 APP"连接设备入口。

小米有技术的支撑,但仍需要美的这样的家电产品作为依托,才能够使其功能向用户最大化开放应用。雷军也说明了入股美的的原因:希望美的的所有电器都能和小米手机连接。美的一年能生产 3 亿台电器,如果真如雷军所想,那么此次合作带给小米的益处将是持续性的。

小米在智能家居上面将要采取开放的策略,除了手机、电视、路由器等产品,其他的智能产品都将交给合作伙伴来做,前期小米采取的是入股投资的方式来推动生态链的布局,等发展到一定阶段后,就会放开策略,那时候不管是初创企业还是前辈企业都可以加入。

虽然针对小米质疑的声音从来都没有停下过,但是雷军对生态链的布局没有停止,雷军曾预测,未来手机将会成为智能设备的连接中心。当手机可以操控所有的智能设备时,人们的生活会变得便捷许多。

美的加入小米就是希望能够参与到家电智能化的行业中,智能家电是一个正在开发且潜力很大的领域,小米能够敢为人先地在这个领域布局战略,雷军独到睿智的眼光可见一斑。

小米绝不仅仅只是手机

小米的手机销售得很成功,可以说是产品中的"重头戏",但是小米对外坚称自己是一家互联网公司,而不仅仅只是手机公司。

小米从一个不出名的小创业公司,一步一步完成华丽的蜕变,是大家有目共睹的事情,在小米所有的产品中手机的功劳最大。但是这些成绩并不能作为骄傲的资本,小米并不想让人们把小米当作生产手机的公司,不希望人们形成这样的惯性思维,而是希望人们可以把小米当作一个创新型的互联网公司。小米把生产的重心放在高质量、可以帮助用户创造一个可连接的产品上。但并不单单指的是手机,还有平板电脑、电视、路由器等等，小米已经着手在生态链上的众多创业公司进行投资，以此来扩充小米的产业链。

小米的野心不仅仅是做好产品而已，它还把目光放在了更长远的地方。一直以来，国产手机或者说国货都遭受着来自本国或外国的质疑眼光，如今小米想要真正让国货崛起。

比如微信，虽然它是以通信软件的身份"出道"的，但是试看当今的微信，它早已发展成了一个集支付、购物、游戏以及其他各种网络服务为一体的强大平台。小米也是这样，它不仅仅是一个智能手机公司，也是一家电商企业。小米网成为中国第三大的电商网站和游戏发行的互联网服务网站。

小米有一个座右铭就是：少即是多。物不在多，精则成。专注于少量类型的产品，更容易把它做成行内的顶级产品。但是少即是多并不是让企业彻底放弃一些领域，而是需要借着其他公司的力来帮助你做更多的东西，小米借风使船，去打造一个生态链，连接更多的产品。

小米生态链的建设就是小米在智能手机领域里的创新。从互联网思维的角度来看，单单拥有一部赶超对手的手机是远远不够的，小米需要的是更多更好的产品托着企业的发展，这样，人们便会从不同的领域一直保持对小米的关注度。无疑，对小米来说，生态链是获取和保存用户的重要底牌。良好的生态链系统会形成一个良性循环，当消费者购买这些智能产品的时候，就会对其他产品产生购买欲望，比如消费者买了智能LED灯，就可能会想要净水器，然后又想买空气净化，形成一种在用户身上的购买接力。

在雷军对未来的设想中，手机是可以成为世界中心性的电子设备，将来其他的智能设备都成为手机的外设，小米要做的工作就是把所有的智能设备通通连接起来。将来有一天，电影里的场景或许会变成现实，当人们离开家时，家中的一切都可以了解得一清二楚，而且可以远程操控。下班回到家，设备就会自动连接手机，家里的设备知道你回来了，也会自动启动。而那时的手机、手环将不再是一个简单的产品，而是标示身份的东西。

小米的生态链布局已经完成，接下来就是奋斗的时刻，小米的目标并不仅仅是做好手机而已，这一点，小米已经做到了，接下来就是对刚刚建立起来的生态链进行规划和完善。

精心构建小米生态链

有人对小米创建的生态链很不理解，大家觉得小米明明手机做得很成功，而且业务开展到现在已经算是比较成熟的了。如果要追求专注和卓越，那就专注于研发自己的产品就好了，建立生态链究竟有何意义？

其实生态链对小米的意义是重大的，智能手机发展到今天，可以说是已经进入了一个瓶颈期，没有什么太大的突破，如果小米不做出一些创新来，可能会很危险。

如果我们把小米比作一片竹林的话，那么传统企业就像树一样，不仅需要阳光和水，还需要大量的时间来成长，但是当树倒下的时候却是非常快的，跟他们的成长时间完全不成正比。而竹林最大的特点就是更新换代很快，没有人见过竹林死光光，因为竹子的根系很发达，所以其生长速度惊人，新的竹子会快速生长来替代老的竹子。小米打造的生态帝国就像一片竹林一样，通过投资这些公司，创造出生命力旺盛的新鲜竹子，小米就是在建立一个像竹林一样的生态链。

为了打造生态链，小米投资了许多创业公司。在投资这些企业的选择问题上，小米有其独特的原则，就是不看重公司的估价，主要是考察这些企业有没有好的产品和团队。这种小米式的选择方式，恰恰反映出了小米对产品和团队的重视。

对于这些入股或者投资的企业，小米通常是会派一名工程师或者其他人员参与其董事会。这些小米的工程师虽然是董事会成员，但绝不会在决策问题上投反对票，小米的态度很明确，就是充分尊敬投资的各个企业创始人和他们的梦想。

别看这些企业有的连名字都鲜少人知，但是这些创业公司能接触到的消费者数量是不容小觑的。就拿颇有成绩的移动电源创业公司紫米来说，仅仅一年时间，它就成了世界最大的移动电源公司。还有一个就是人气颇高的小米手环，它的制造商是华米，半年之内创造了销售1000万个手环的奇迹。

这些企业在短时间内都做出了卓有成效的成绩，小米的投资算得上是成功的。或许在当今这个时代，物联网比智能手机或移动互联网更重要，把这些手环、电子秤等家庭的智能设备都连接起来时，手机就是中间的连接器。生态链就像是小米对未来的设想，在十年内，人们将看到小米会改变整个中国市场。相信这不是一句大话，小米正朝着这个方向努力着。

从创业至今的几年时间里，小米从一家没有名气的创业团队成长到估值数百亿美元的明星巨头企业，在这个里程碑式的时间节点上支撑着小米高速增长的，除了其自身的企业运营模式和团队的努力，或许还和小米背后构建的产业生态链脱不开关系。

举几个代表性的例子，紫米电子位于江苏无锡，主要负责小米移动电源的业务。最开始这家公司的名声并不大，后来小米对其进行了控股级别的投资，在半年多时间里移动电源的销量火爆。还有一个就是西米科技，是小米与游戏开发商西山居的合资公司，专注于电视游戏研发。可以看出，这家公司是为了丰富小米电视生态圈而设的，已经推出了第一款的电视版游戏《西米斗地主》。最后再来说说创米科技，这是小米与ODM厂商龙旗科技的合资公司，单听名字可能还有很多人不太了解，这是一家专注于智能家居产品的企业，其首款产品就是深受消费者喜爱的智能插座。

如今小米的生态体系已逐步走向成熟，以小米手机为核心的硬件生态体系已经初具规模，小米路由器、小米盒子、小米平板电脑、小米电视、小米手环等产品相继出炉。我们可以看到未来小米手机将成为智能家居的核心，智能路由器将成为未来智能家居的连接者。

一个平台或生态链的形成，其背后一定有一个新兴产业和大环境的形成并逐渐走向成熟。这时企业要做的就是不断地创新，创新在一定程度上意味着试错，看似需要巨大的勇气，其实是一种试错文化。把试错的勇气转化为文化，就是截然不同的两种概念了，即把一时的情绪转变为系统的理智。

小米把生态链当作一种文化来做，精心打造了一个由创意、生活和软件共同构建的移动互联网生态圈。生态圈的建立吸引着更多的优秀企业加入，小米和这些企业形成了互利共赢的关系，对小米来说是让用户找到了好产品，而对生态圈中的企业而言是让好产品遇到了最好的用户。

所有的一切都是为了用户，为了让人们的生活更便捷。在日常生活中，人们每次出门的时候，随身携带的东西又多又杂，以前是出门有三宝，钥匙、钱包和手机。但是随着社会环境的变化，人们出门要带的东西更多了，除了这三样，还可能要带上门禁卡、公交卡、信用卡、会员卡等等，不仅累赘还容易遗忘。而小米想要打造的，就是把所有生活中的麻烦集手机于一体，变成现代的简约生活。

想象一下，如果未来我们的生活变得更加智能化，比如在公交车上观看了一半的视频，还可以回到家，继续用小米盒子，通过小米电视观看剩余的视频；在路上玩了一半的游戏，同样使用小米盒子在电视上享受大屏畅玩的快感。

而这一切，仅仅是小米计划打造的智能生活的开端。未来小米还会研发更多的智能设备，覆盖我们的衣食住行。同时，小米正在努力完善集软件、硬件、创意和生活的小米生态圈，因为这些所设想的智能生活离不开小米精心打造的生态链。

只有做到极致，才有机会成为世界第一

专注、极致、口碑、快是小米的七字方针，现在小米依然遵循着这样一条很重要的战略：只专注做几样产品。其余的发展方向则会放在小米生态链上，让别的企业去做。小米该做的就是一定要少做事情，少就是多。

只做三大硬件产品，手机和平板算是一个产品，电视和盒子算是一个产品，还有路由器，别的基本都交由小米投资的公司来完成。这样等于小米投资了生态链，连带着就投资了包括内容、移动互联网应用、游戏和智能硬件等领域。雷军希望小米对中国的影响，就像三星对于韩国，索尼对于日本。小米的梦想是成为中国的未来，把"新国货"这个概念彻底打出名堂，让越来越多的中国企业在全世界范围内发扬光大，国货能够成为"质优价平"的代名词。让全世界享受中国的创新科技力量，这才是终极目标。

互联网思维能帮助传统产业升级转型，在这个概念下，最关键的是要做优质的产品，做世界级的产品。凭借小米在中国几年的实践，如果把模式扩大到世界范围的话，小米很有机会成为代表中国的国民品牌。

早在创办小米的时候，雷军就想过把小米办成世界级的伟大公司，办成一个百年公司。在中国，企业要做到百年发展是很不容易的，很多企业家在创业时都是怀着百年基业的目标，但是研究表明中国企业的平均寿命非常短，做到百年以上的更是少之又少，像同仁堂这样的企业简直是凤毛麟角。

中国是一个资源大国，人力和物力都很充足，但是偏偏便宜的产品，给人的第一感觉就是质量差，为什么不能尽全力做好产品呢？这是雷军经常在思考的一个问题。雷军做小米手机的时候，用的是最好的原材料，最

好的供应商，最好的组装厂。就算是只卖 699 元的红米手机也都是富士康生产出来的，小米要把自己的产品做到极致。

有一则这样的故事：在一百多年前，英国的生物学家达尔文在马德拉群岛科格伦海岛上考察时，发现了一个很奇怪的现象：岛上的昆虫有很多，但是只有极少数生有巨型翅膀，可以在空中飞，绝大多数的昆虫都没有翅膀，只能爬行。究竟为何会出现这种截然相反的两极分化现象呢？为什么岛上没有中等翅膀的昆虫呢？

经过观察，达尔文最终找到了答案。原来科格伦海岛上的气候条件十分恶劣，飓风常年不间断。在这样恶劣的环境下，只有极少数巨型翅膀的昆虫能够迎风飞翔，而那些中等翅膀的昆虫，在飞行时容易被强大的飓风吹落大海，被海水淹没而逐渐被淘汰。而那些没有翅膀，在地面上匍匐爬行的昆虫，反而得到了生存机会，飓风影响不了它们，它们成了竞争的胜利者，最终也成了海岛的主宰。

这个故事可以暗喻我们现在所处的时代，一个飓风不断的时代，是一个做到极致才能生存和发展的时代。一定要把自己的长处做到无出其右，才能克服短板的致命缺憾。

中国地大物博，所以小米利用中国产地的成本价，制造优质的产品，造福中国，造福世界。而且小米希望像当年索尼带动日本工业一样，让中国所有企业生产出的产品都变得更加优质。

小米首先要从自身开始做榜样。比如小米发布的智能血压计，可以买来送给家里的老人，很特别的一点就是插在手机上直接联网就可以知道血压的情况，原来是 170 元美金，但是小米只卖 199 元人民币。还有小米发布的一款家用智能摄像头，它有两个强大的功能：一是可以配合小米路由器记录一个月的高清视频，还可以远程对讲，有趣的是，当你看到小偷在作案的时候，就可以大声地对小偷喊话："别偷我们家东西了！"另外一个作用就是可以通过摄像头照看孩子。这样一个智能网络摄像头也非常便宜，大概149元，而这些智能设备都是可以跟小米手机连在一起的。

小米在一步步地创新和成长，未来的目标就是带动更多这样的企业一起成长，一起在中国市场做大，让中国产品走向世界，让小米成为跨国大企业。

千万不能偏离战略轨道

如今的小米与初创业时的模样已经是今非昔比了，几百亿美元的市值在全世界范围内也是排名靠前的公司。小米走到现在这个高度，可以说是创业公司的巅峰时刻了。

更难得的是，小米是依靠现实业绩作为支撑来实现创新的。创造预期和兑现预期对企业来说，是两个不同的发展阶段，所承受的压力也完全不同。

但不可否认的是，现下的市场大环境是智能手机发展到了一个瓶颈期，而小米的增速也在逐渐放缓，业绩已经开始低于预期。2015年"双11"电商大战中，小米依然是成绩不错，妥妥拿下了第一的宝座，但是这其中仍有危机。小米的销量不错，但是和华为手机的销售额比起来有一定差距，当时华为终端总销售额为11.93亿元，其中荣耀产品销售额更是达到11.23亿元，超过了小米手机品类的总销售额。

很多人评价2015年是小米走向没落的一年，其实这句话有些过于绝对。对小米而言，2015年是关键性的一年，不是所有的事情都会按照你心中所想的那样一帆风顺，在企业发展的途中一定要不断地省察自身，发现并解决问题。

先从小米成功的根本商业模式谈起，小米商业模式在业内的讨论一直没有停止，无论是从小米的生态布局还是战略轨道来看，小米的战略思想，对于整个中国的制造行业已经起到了非常重要的作用，很多企业争相学习小米的商业模式,甚至一些对手也是从学习小米开始慢慢追赶上来的。

其实小米的商业模式并不是高不可攀的,小米从创业至今所坚持的核心商业模式是多个层次战略的组合:社群电商、互联网平台和生态链投资。

社群电商我们都知道,小米有一个强大的"粉丝后援团",小米打造的就是"把用户当朋友"的用户体验,小米的论坛发展已经成熟,社区群体这个概念也已经深入人心。而互联网平台就是指软件平台和生态平台,这是小米为自己建立的护城河,小米软件的创新体现在米聊应用,还有游戏生态系统的创造,这些基于互联网方面的护城河正是小米区别于华为、三星等公司的核心竞争力。而生态链投资就是小米投资的智能产品企业,包括电视、空气净化器、平衡车、移动电源等一系列产品,这块的战略不同于苹果的产品延伸,采用的是BAT的投资打法,这是小米与众不同的地方。

而本质上,随着运营商红利的退化,小米和华为这类公司完成了对三星等外来企业的制约使命之后,就不得不回过头面对国内的传统渠道和社群电商之间相互竞争的问题。

国产手机厂商中像vivo、OPPO等手机可以通过靓丽的外形设计和年轻化的广告投放,俘获大量的年轻人市场;不过小米与它们不同,小米的价格是公开透明化的,经销商利润空间并不大。小米实际上因此已经失去了很大一块市场。

小米的优势在于它是一个分层级创新的公司,成于此,挑战也在于此。小米要考虑的正是重回社群互联网的战略布局,再次开启一轮用户增长的新形势,改变外界对硬件竞争的思维逻辑,回归其最初擅长的用户运营机制。小米现在面临的挑战来源于其正在远离社群,偏离了高纬度战略打法的轨道。突破挑战最好的办法就是回归社群互联网战略,快速让小米完成升级，建立一个支撑移动互联网社群的产品基础，重新启动软件用户增长的模式。让用户自然而然地去选择小米的产品，而不是秉持必须购买小米手机才能进入其生态系统的封闭式思维。

用户是小米和华为、魅族等企业竞争的核心优势，"以智能手机为中心，向生活家电的智能化延伸"是小米的战略布局。

小米的竞争对头并不是苹果和三星，而是国内传统电子消费领域的企业。雷军很清楚，短时间内小米是无法与苹果、三星平等抗衡的，所以他把橄榄枝伸向了传统企业的领域，他要吃格力、海尔这类企业的奶酪。可以看出，小米产品链的延伸不会一味地复制苹果，它只会利用苹果制造的台风创造一个适合中国市场的模式。

在2014年小米路由器的发布会上，雷军请来了曾和乔布斯一起创办苹果的沃兹，在与沃兹的谈话中，雷军透露了小米的战略布局。

从小米成立后的三年时间里，小米主要在做手机、电视盒子和路由器三款产品。小米的逻辑是手机会代替PC成为电子产品的中心。所以小米一上来就先做了手机，后来为了解决输出问题做了小米盒子，然后考虑到上网性能的问题又开始做路由器。做到路由器时候，雷军就在思考一个问题，智能家庭应该有一个控制中心，而这个控制中心就是手机。

以手机为中心的电子世界不断进步，朝着设备智能化的方向发展。

小米会保持其稳定的战略轨道，专注于已有的几个领域，携手更多的合作伙伴共同推动家电智能化的发展。

增加线下门店，雷军布局新零售

自从雷军推出小米手机以后，前三年小米手机的销量非常多，有一段时间销量排名中国第一，位于世界第三名，最难能可贵的是，小米手机取得的这些成就还只是依靠自有电商渠道，可以说是商界的一个奇迹。

然而，好景不长，从2015年开始，小米手机的销量增速放缓，当时有舆论认为，小米手机快要完了。

为了提高公司的收入，使小米手机的销量实现大幅度增加，雷军在2016年2月宣布，小米开始进行新零售实验。小米之家原本是为用户提供售后服务的，而在这时也正式转为线下零售店。

那么，小米公司为什么要在线下开店呢？大致说起来，共有三点原因：

一是为了提升消费者的体验感。为什么线下零售店可以起到这样的作用呢？这要先说一说线上购物的劣势说起。线上购物，尽管传递商品信息很便捷，但消费者没有办法触摸商品，体验感太差，例如想要买某件衣服，但无法试穿，不知道是否合身；沙发无法试坐，感知其舒适度；手机也无法进行一番操作体验。

另外，网购的商品不能立即获得，还要等待若干天才能拿到，消费者无法获得即时满足。

但线上购物的这些劣势在线下实体店统统都不是问题。消费者可以在店内方便地感受和使用商品，很多商品细节都可以立即感受到，这关乎着消费者的购物体验感。

雷军说：互联网思维最关键有两个点，一是用户体验，二是效率。效率可以由线上来满足，而实体店可以用来提升用户体验，用户体验一提升，仍旧维持亲民价格，用户购买的热情自然会大为增加。

二是为了打通全渠道。其实，电商销售额只占零售总额的一小部分，大部分销售额还是通过消费者在线下实体店购物实现的。在线上购物不断趋于饱和时，向线下市场寻找机会是很合理的选择。

三是强化品牌认知。小米发现，线下用户群体与线上用户群体重叠度并不高，于是，小米之家承担了一个重要的任务，那就是扩大小米手机在线下消费群体中的知名度。只要这些消费者购买过、使用过，并喜欢上了小米,他们在以后购买电子产品或者智能家居产品时会首先想到小米。

2017年,小米公司开始全面发力新零售战略,河南省是试点地区,而"安阳大会战"也成了一场典型的小米线下攻坚战。

在这场攻坚战中,一个非常有代表性的案例是:有一家普通的渠道商要从OPPO和小米之间选择一个作为合作方,他细心观察和权衡了两个月,最终决定撤掉OPPO柜台,换成小米,最后人们便从众多OPPO和vivo的招牌中间看到了小米的招牌。

在众多类似于安阳这样的三四级城市,小米的线下实体店迅速蔓延开来。

与其他手机门店不同的是,雷军还拥有一个撒手锏,那就是小米生态链产品。在小米专卖店里,消费者不仅可以买到小米手机,还可以买到小米智能家居产品,比如扫地机器人、台灯、净水器等。

小米的产品属于设计驱动型,有着超高性价比的硬实力,在小米生态链产品的加持下,线上线下可以构筑起一道铜墙铁壁,不断占领其他手机厂商占据的线下市场。

小米的新零售战略在2017年就取得了重大成果。2017年,全球手机市场下滑严重,达6.3%,而小米手机则逆势暴增,增加了96.9%;中国手机市场下滑15.7%,而小米手机的出货量则大涨57.6%。

在雷军看来,新零售的意义在于用互联网方式做线下零售,改善用户体验,提升流通效率。小米公司可以通过小米之家完善的服务,使消费者全方位地认知产品,再加上其高性价比的优势,通过线上线下联合营销,小米在新零售领域爆发出了惊人的力量。

子企业紫米,小米充电宝辉煌的背后功臣

"充电宝只有两个牌子,一个叫小米,一个叫其他。"这一句看似非常

狂妄的话是由雷军在 2016 年小米手机发布会上说出来的。雷军之所以这样说，是有其底气的。

2013 年，小米发布了第一款移动电源，而当时国内的充电宝市场大多是山寨产品，几乎没有强势的领先品牌。小米充电宝也正是借助小米手机的东风闯出了名声，2014 年销售量达到 1000 万以上，很快就成为行业内的老大。

从此以后，之前不被看好的充电宝市场迅速成为红海市场，引来众多模仿者，但都没有撼动小米的地位。2016 年，小米充电宝销量超过 5500 万，而到了 2019 年，其销量突破 1 亿，这是全世界充电宝品牌厂商都无法达到的新纪录。

小米充电宝之所以如此受欢迎，除了其品牌信誉之外，还有两个重要的原因，一是其质量非常好，二是性价比很高。

在小米 5G 新品发布会上，小米公司除了发布新手机以外，还发布了多款充电设备，其中之一是小米移动电源 3 超级闪充版。

小米一代充电宝当时售价 69 元，基本上贴着成本卖。当时有很多山寨厂家想要仿制小米充电宝，但制造完之后发现成本比小米充电宝的售价还要高，所以只能慢慢退出市场。虽然小米充电宝的售价很低，但随着时间推移和成本的降低，订单量增加不少，利润自然就变得越来越多。

话说回来，小米公司的充电宝产品线能做得这么好，主要还是借助于其子企业的力量。这家企业就是小米最早的生态链企业之一——紫米电子。这些年来，每一款优秀的充电宝产品都来自紫米电子。不过，与小米的巨大名气相比，紫米电子的知名度显然要小得多，外界几乎对其一无所知，可以说，它是中国充电宝行业的隐形冠军。

紫米电子成立于 2012 年，是最早借鉴小米模式的企业之一，像小米一样，紫米电子也打出要做好产品的旗号，向传统充电宝行业发起挑战。

其实，紫米电子的创始人张峰在创立这家公司之前是做手机的，当时是诺基亚和摩托罗拉时代，解决电量不足的方法是多准备几块手机电池。而到了智能手机时代，尤其是在苹果手机出现后，电池不能拆卸下来了，这时移动电源应运而生，这一行业也迅速发展壮大。

当然，张峰并没有在一开始就进入这一行业，2001年，他发现小灵通领域存在巨大机会，于是放弃手机电池业务，做起了小灵通业务，直到2009年小灵通被工信部叫停，他的生意一夜回到解放前。

他从这件事得到一个教训，那就是"赚快钱不如生意走得远，产业前景非常重要"。因此，他第二次创业做移动电源产品时，不再急功近利，而是追求雷军所说的硬件性价比。2013年，雷军对紫米电子投资，张峰更加坚定了将充电宝打造成爆品的决心。从此可以看出，雷军的产品经营之道影响了很多人，也间接帮助自己赢得了充电宝市场。

第十章

一步不能慢的小米,一直奔跑在路上

随着市场的竞争日益激烈,智能手机的发展已经到了一个瓶颈期,小米手机也很难有所突破,小米的发展速度逐渐慢了下来。但是小米在路上的脚步并没有停下来,在慢下来的同时,雷军开始反思,在困难的时候,最怕的就是自乱阵脚。小米开始思考忧患意识的意义。开始更强地武装自己,准备在困难中完成一次华丽的蜕变。

做好至少要死一回的准备

创业之路并不简单，可小米的成功迅速得让很多人都摸不着头脑。不过雷军也透露，刚开始创业的时候，所有人都做好了输一回的准备，他自己也觉得企业一定会走弯路，会遇到一些挫折。

在这个大众创业、万众创新的时代，创业创新俨然成了主旋律。但创业从来都不是一件轻松简单的事情，创业艰难百战多，在创业的不同阶段都会遇到不同的难题。创业不仅会有阶段性的难题，而且可能还要面对失败。借钱遭受信任危机的马云，最终成就了阿里；四十多岁骑着三轮车代销汽水冰棍开始创业的宗庆后，最终成就了娃哈哈，他们的企业都是付出了常人难以想象的艰辛，最终才走向了成功。

然而创业的最大艰辛就在于，有可能即使付出了艰辛的努力也不会成功，许多调查研究表明，中国的企业寿命并不太长，部分地区的民营企业的平均寿命甚至低于三年，时刻提醒着那些即将创业和正在创业的人，创业是有风险的。大量的同质平台涌现，可能会硬生生把某些处于"蓝海"的行业变成了"红海"。

我们必须承认，创业创新者是这个时代的有进步精神的一群人，但并非每一个创业者都会成功，在做好成功准备的同时，也要准备好接受失败。

马云曾经对所有创业者说过一句话：永远告诉自己一句话，从创业的第一天起，你每天要面对的就是困难和失败，而不是成功。我最困难的时候还没有到，但有一天一定会到。

心理学家们曾做过一个实验：在给小小的缝衣针引线的时候，观察不同心态的人的成功率，发现越是全神贯注努力的人，线越不容易穿入。这种现象被称为"目的颤抖"，一个人做一件事的目的性越强就越不容易成功。

做每一件事，无论大事小事，我们都不能保证百分之百的成功。既然如此，我们何不为失败做好心理准备呢？

忧患意识激发能量

小米的成功来源于其团队以及管理层，还有小米在互联网模式下打造手机的成本优势、社群营销和粉丝用户等因素。但在小米的成功背后，也始终存在着线下渠道、供应链受限、产品定位升级等问题。

从 2015 年开始，市场形势发生变化，竞争的激烈程度显著增加，小米产品战略决策出现了危机，这辆高速列车遭遇了明显减速。这次减速促使雷军开始反思，小米是否应该重新制定发展战略。如果可以就此弥补缺失，突破瓶颈，为小米未来的发展奠定基础。那么这一次的减速对小米来说反而是件好事。对小米来说，忧患也可以化身为一种鞭策和激励。

危机这个词中，"危"字代表着危险的意思；"机"字则代表着机会的意思。身处危机中，意识到危险的同时，不要忽略机会的存在。

不管是企业还是人，总会遇到一些危机。有的人因为无法顺利度过危机而就此一蹶不振，也有的人在危机中获得了机会和成长。同样的背景下却产生了截然不同的两种结果，这是因为，有的人只在危机中看到了危险，而有人却抓住了危机中的机会。如果可以改变你思考问题的方式，就会发现，原来在危机和忧患里正是发挥一个人最大潜能的绝好时机。学会把危机变为机遇，可能会获得比以往更大的成功。

尽管小米的增速慢了下来，2015 年的手机出货量也没有到达目标量，但小米依旧以 7000 万台的出货量，以 14.75% 的同比增长，交了一份不俗的成绩单。而小米也开始真正反思自己，小米在努力去除"心魔"，重新回归服务用户。

在日益严峻的大形势下，小米首先要做的就是重新聚焦核心业务，即事情一定要少而精，以期在市场同质化的情况下，重新建立自己的优势。其次就是重新梳理产品线，把几个手机产品线的价格段位拉开差距。整合品牌策略，重拾小米用户服务的优势，用户的力量不容忽视，未来，通过对用户数据的深度挖掘，其运营价值还会进一步彰显。最后就是补齐生态短板，加强内容建设。小米所要做的这些举措，将会让小米未来受益匪浅。

其实，如果放下人们对小米的巨大期许，作为一家运行不到十年的创业公司，在短时间内，一度占领国内市场份额第一的位置，积累用户1.7亿人，估值几百亿美元，小米已经成功了。在接下来的市场竞争中，小米其实可以处于一个高枕无忧的状态，但很显然，小米并不打算止步于此。如今的小米放慢速度，稍做调整，未来说不定哪一天将继续加速。

危机激发了小米的忧患意识，对以后的发展也是利大于弊。"危"和"机"在一定条件下是可以相互转化的，小米要走的路还很长，危机和挫折在所难免。

最困难的时候，也就是蜕变的时候

企业的发展日渐成熟是一件好事，但是成熟也有可能会成为"老油条"。拿小米4手机来说，这是小米发展成熟的标志，也是其遇到问题的开端。

从小米4的配置来看，这款手机应用了骁龙801的CPU、5英寸屏幕、3080毫安电池和1300万的后置摄像头。单从小米4的配置上看，这确实是一款代表主流的手机，但当把它放在当时的大环境中和其他的手机相比，就会发现它并没有太明显的优势，这就很容易让它淹没在市场的众多手机之中，而且这款手机也脱离了小米"为发烧而生"的理念。另外，

第十章
一步不能慢的小米，一直奔跑在路上

颇受大家期待的移动4G版小米4，也让用户略感失望，这个时候发布手机，不再追求"发烧"，似乎正在慢慢沦为一家普通的手机公司。

小米的成熟发展之道一路走过来，其具体的策略有两个核心：第一是在战略上学习Google，实现软件、硬件、互联网的"铁人三项"。如今的小米在硬件领域已经站稳了脚跟，稳步上升的除手机外，还有智能路由器、小米盒子、小米电视、平板电脑、手环、移动电源等，软件和互联网方面的配套服务，也对硬件起到加分辅助的作用。

第二点就是在产品上"效仿"苹果。这里说的效仿，并不是说一味地模仿，但是不可否认的是，国内很多手机厂商都是朝着苹果的方向看齐的。但另一面国产手机尤其是小米又做了许多适合国人的本土化尝试，开发了很多苹果没有做的功能。

撇开竞争对手和市场上的其他手机来看，小米4确实是良心之作，小米又一次用细节满足了用户。除了主流的配置小米都有外，就说几个贴心的细节功能：防指纹金属边框，套模式和湿手模式两种可供选择的屏幕操作，可以操控电视、小米盒子等多种家庭设备，两种可选择的充电方式，而手环也做成了防水的。

不过，在成长的过程中总会伴随着烦恼的出现，小米快速增长的光环正在逐步褪去。小米手机的几次降价并没能让销量有大的起色，路由器和电视市场也没有获得肯定，平板电脑的销量虽然稳定但却远没有手机那样风光。倒是红米系列产品出现了供不应求的局面，但这也是靠着其低价换回来的销量，这并不是长久之策，长期发展下去可能会对品牌形象造成损伤。

有人在评价小米最近的表现时也称，"小米试图用最快的速度布局更多的市场以争取更大的生存空间，但在这一过程中，小米也用最快的速度失去了当初最吸引用户的特质，成了一家普通公司。"

小米在成功的路上高歌猛进，但是当一步一步走上成熟的时候，难免

会因为业务的扩展而导致一系列问题出现。雷军在小米创业初期曾总结的七字诀：专注、极致、口碑、快，但如今很多人表示有些看不懂了，红米手机破坏了"小米为发烧而生"的品牌定位；在4G时代来临时，小米手机的跟进速度也没有达到"唯快不破"。这些不解渐渐让一些用户慢慢与小米渐行渐远。

除了自身的一些问题，小米面临的最大挑战还来源于竞争对手。中兴、魅族和华为等厂商的地位正在逐渐提高，难免会和小米形成竞争关系。而苹果和三星这两棵不倒的大树，也开始举起它们专利的大旗。

从产品层面看，小米的新机若仍无明显的优势，这些来自友商的产品，自然而然地会蚕食小米的市场份额。

这时候的小米，就要开始反思了，是继续前行还是改良创新，是走向平庸还是持续引领，这不是很难思考的问题，却是很难做出选择的问题。

小米要走的路还有很远，只要一步一个脚印，不忘初心，就能变得真正"成熟"。为了未来的发展，小米接下来至少要做三件事：一是努力让自己变得更加成熟；二是重回专注，认真地走好每一步；三是在利益与本心之间找到一个平衡点，有所取舍，保持品牌形象。

其实，破茧成蝶这个成语真正的意义就在于，蝴蝶必须要经历突破的痛苦，才能完成华丽的蜕变。在最困难的时候，也就是蜕变的时候。

不跟随消费者的需求改变就会走向衰落

雷军认为在硬件上赚到的钱都是意外之财，所以小米不靠硬件赚钱。很显然，雷军的这个思想表达了他的一个思想内核，就是要消费者而不是要利润。这种战略思维考虑的不是当下的利益，而是从长远的发展考虑，未来靠什么赚钱？

使用智能手机很大一部分的人群是年轻人，年轻人代表着中国的未来。换句话说，谁拥有这个年轻的群体谁就拥有了未来。消费者是一个很强大的力量群体，在商业史上，这种靠着消费者的力量成功的案例不胜枚举，比如宝马和奔驰的持久战，可口可乐和百事的世纪之战，小米也在对这些先例进行思考。

企业和消费者的关系至关重要，因为每个人都生活在各种各样的人际交往圈子里，这个问题永远都逃不掉。人与人之间的交往不能单单只是冲着利益关系去的，你对我有用，关系就好；没用，关系就不好，这样的人是不会交到朋友的。企业和消费者之间也是如此，不能是简单地建立产品供求关系，还需要一些与产品销售无关的事情作为双方的"添加剂"，以此深化企业与消费者的关系。能让消费者感到出乎意料的尊重、满足和幸福，消费者就会对企业产生相应的回报，即对企业更加的信任和喜欢。

现在很多企业都走向了一个误区，就是过分看重企业和客户之间的产品供需关系。虽不可否认，这层关系确确实实存在，但是企业需要建立的最重要的关系，是与需求、消费者这两个主体之间的关系。在这种关系的层面下，再进一步寻找为消费者创造价值的机会，并从中获得回报，这才是一个企业和消费者之间健康的关系。

小米现在做的事情是，以智能手机和其他产品为桥梁，建立起一个属于年轻人的社区，通过这个社区平台走进消费者的生活和心里，还有一个简单有效的办法就是举办各种活动，比如爆米花节、同城会、相亲会和各种公益活动等，活动是一种手段，目的是深化小米和消费者、消费者与消费者之间的关系。很多人把这些当作小米销售手机的手段，其实并不是。小米在构建社区，也是在打造未来。小米的盈利重心是手机，而业务重心是小米网。小米的未来将会搭建在小米网所构建的消费者社区上。

现代管理学之父德鲁克说过，企业存在的基础是消费者。这句话很短，大概所有的企业管理者都听过，但是又有多少企业管理者真正去践行这句话呢？

　　一个企业如果有了强大而坚实的消费者基础，那么它可以延伸和发展的领域有很多。比如苹果公司，不正是依靠消费者群体做了很多的延伸吗？iPod、iPhone、iMac、iWatch等等。在中国这样的企业也是有的，比如携程，在携程还在以平进平出的方式卖机票的时候，有几个人对这家企业有过信心？但是，携程却依靠不赚钱的低价机票，建立了大批的消费者基础，然后围绕消费者的旅行和生活，延伸了一系列包括酒店、旅行管理等代理业务，现在也已经成为一家优秀的公司。

　　小米的消费者基础要比携程坚实得多，从创业到如今的几年间，小米与消费者的关系也更加紧密，在这样的基础下，小米未来延伸的业务有无限的可能性。构建社区比卖产品更值得公司去深思。

　　消费者和产品是两个不可分割的整体，既不能抛弃产品一心只为维系消费者，也不能只钻研产品而忘了与消费者交流。产品都是有限的生命周期，不可能一成不变，任何一家企业如果不能随着社会的变化而改变，产品不跟随消费者的需求而改进和完善，企业一定会逐渐走向衰落。举一个最经典的案例，当年的柯达胶卷在很长一段时间内火得一塌糊涂，固守成规让柯达短时间内迅速败落，被数码相机彻底替代，又不过十年间，数码相机又被智能手机所替代。

　　在市场飞速变化的今天，产品的生命周期也越来越短。小米模式就是要有更高的灵动性，不断地深入到消费者的生活方式当中，就拥有了更多延伸和改变产品的机会。

　　在现今这个时代里，持续存在的企业都是产品链条的组织者，是把技术叠加到消费者的需求上而建立起来的优势。柯达固守胶卷被数码打败，英特尔固守芯片上的技术优势而被高通以适用平板和智能手机的低耗芯片打败。这样的案例不在少数，希望企业能时刻敲醒反省自身的警钟。

小米的消费者基础很庞大，但是还不算很牢固，小米走进了年轻人的生活方式，但是还没有走进年轻人的价值观和思想。在未来，一个能获得消费者喜爱的企业，不仅要符合消费者的生活方式，也要成为他们价值观的代言人。小米的价值观就是"发烧"，做属于发烧友的手机还是带领大家一起玩？显然，小米需要从眼花缭乱的活动中抬起头来，高举企业主流价值观的旗帜，为消费者代言。

为消费者代言，消费者就会为你代言。其实每一个消费者的身后都站着很多的人，亲人、朋友、同事等等，消费者对他们身后的人是有绝对影响力的，这些人就是企业的潜在消费者。只要真正赢得了一个消费者，就可能赢得潜在的很多消费者。赶走一个消费者，也就等于赶走了一堆潜在的消费者。

所幸，在今天消费者的重要性被越来越多的人所重视，很多企业已经开始把消费者作为自己经营战略的基础。但是这种基础不能是表面上的，在现实经营中，要知道客户的重要性，要真正把"消费者至上"当成自身的行为标准。

随着社会经济的发展和人民生活水平的提高，消费者对服务和产品的需求日趋多元化，更加注重个性化和人情味的产品和服务。但凡有战略眼光的企业，都越来越重视消费者的兴趣和感受，时刻关注消费者的变化，及时与消费者沟通，并采取相应措施，以满足不断变化的消费者需求。在利润与消费者的关系中，消费者是排在第一位的，没有消费者的企业也就没有利润。所以，企业推出的一切产品或者服务都应该建立在消费者的需求之上。

企业要做的就是把寻求竞争优势的目光转向消费者，拥有消费者就拥有一切，失去消费者就会失去一切。对消费者的要求要做出本能的迅速反应，以满足消费者真正的需要，因为每增加一个满意的消费者就相当于为企业增加了一份无形的资产。

忘掉成败，坚持创业心态

保持创业本心是很重要的，小米创办不久就取得了不凡的成就。就企业规模来讲，小米也是个大企业了，尚且知道保持创业本心，那么其他的企业呢？其实创业不分公司大小，都要永远保持创业进取的心态。坚持创业心态，不吃老本，那么这个企业就有很大机会成为基业长青的企业。

坚持本真，不忘初心。

企业做大了就容易产生浮躁，随着小米规模的扩大，雷军也担心过公司员工的心态问题，在大会上他反复向员工申告："我想请所有同事忘掉业绩，业绩不是最重要的，只有做出让用户尖叫的产品才可带来长远价值。"雷军告诉自己的员工要冷静下来，公司的规模扩大是好事，但是很容易演变成官僚，大家把架子端起来很容易，但是跟用户距离变远，就是得不偿失了。只有真的怀揣小米仍然是一家创业公司的理念，只有深层次理解小米今天的危机感，才能一往无前。

今天的时代变换太快，很多的企业都陷入了浮躁的状态之中，这对企业的文化建设和团队搭建等环节都会产生致命的影响。

创业需要保持归零的心态，所谓归零心态，就是完全把自己放下。在这个世界上，有一些人会一直活在过去，总是拿原来的成绩或是拿昨天和今天来比较，沉浸在过去的世界无法自拔。经验固然是一份财富，可以避免企业少走一些弯路和减少一些损失，但是经验不是成为我们对过去迷恋的理由，最重要的是要学会放下自己固有的认知。

一个优秀企业能够走向成功，绝不是几个创始人的成功，而是整个团队的成功。在创业的道路上永远保持一颗创业的心态和创业者的精神，是企业在不断谋求生存和发展道路的过程中所积淀的全部智慧、思维和文化。

创业者精神是全体员工的生存能力和财富，无论是在过去、现在还是未来，希望每一个员工都是创业者，每一个企业都保持创业心态。创业者精神并不是神秘不可测的，很多人天生就拥有创业者的DNA，阻碍我们成为创业者和拥有创业心态的，不是别人，正是我们自己。

创业心态对于每一个创业者而言，是每一天必须要面对的问题，创业者精神将成为企业未来持续发展的重要动力。从现在起，忘掉成败，坚持创业心态！